GEORGES COURTELINE

...ième mille

LES MARIONNETTES de la Vie

ILLUSTRATIONS EN COULEURS DE A. BARRÈRE

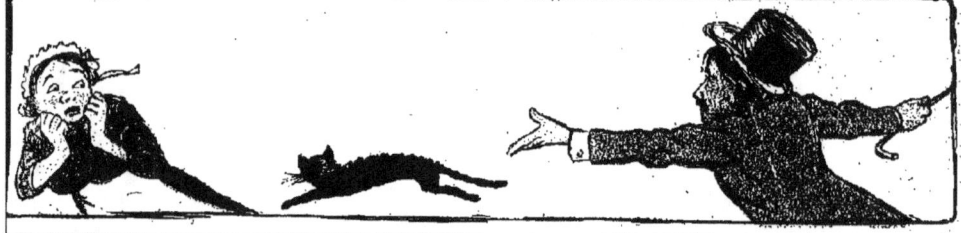

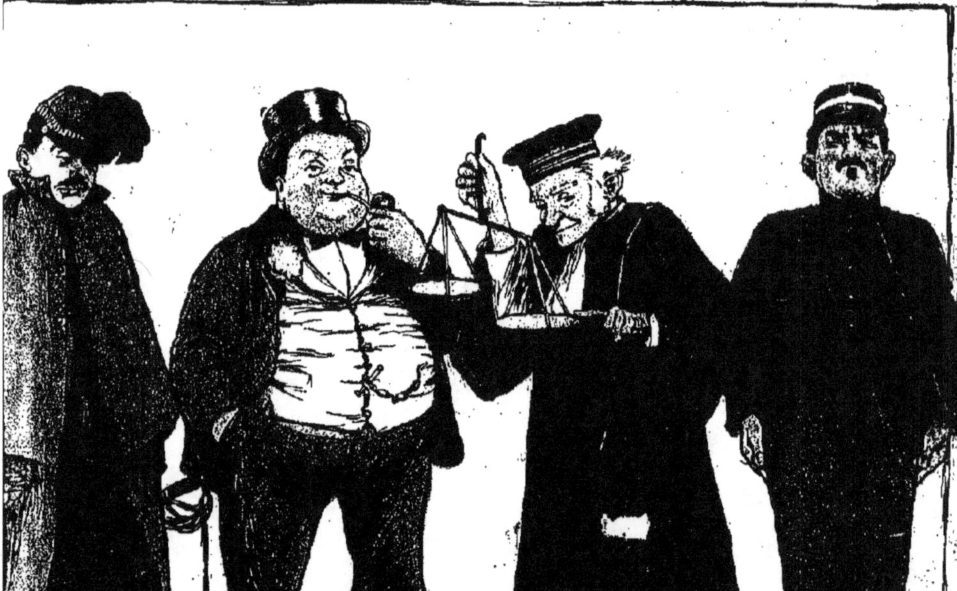

ERNEST FLAMMARION, éditeur. 26, rue Racine. — PARIS.

LES MARIONNETTES DE LA VIE

*Il a été tiré, de cet ouvrage,
Vingt-cinq exemplaires sur papier du Japon
tous numérotés.*

OUVRAGES DU MÊME AUTEUR

ROMANS

Boubouroche. Illustrations en noir et en couleurs de A. BARRÈRE, DILLON, CH. ROUSSEL et H. de STA (12e mille)	1 vol.	3 50
Les Gaietés de l'escadron. Illustrations en couleurs de GUILLAUME. (15e mille)	1 vol.	3 50
Les Femmes d'amis (10e mille)	1 vol.	3 50
Le Train de 8 h. 47. Illustrations en couleurs de GUILLAUME. (30e mille)	1 vol.	3 50
Lidoire et Potiron. Illustrations en couleurs de GUILLAUME. (20e mille)	1 vol.	3 50
Messieurs les Ronds-de-cuir (12e mille)	1 vol.	3 50
Ah ! Jeunesse ! (7e mille)	1 vol.	3 50
Un Client sérieux (12e mille)	1 vol.	3 50
La Vie de caserne. Illustrations de DUPRAY	1 vol. in 4°.	20 »
Le 51e chasseurs	1 vol.	0 60
Madelon, Margot et Cie	1 vol.	0 60
Les Facéties de Jean de la Butte	1 vol.	0 60
Ombres parisiennes	1 vol.	0 60

LE TRAIN DE 8 h. 47
édition populaire illustrée en livraisons à 0 fr. 10
L'œuvre complète. Prix : **10 francs**

GEORGES COURTELINE

Les Marionnettes de la Vie

Illustrations de A. BARRÈRE

PARIS
ERNEST FLAMMARION, ÉDITEUR
26, RUE RACINE, 26
—
Droits de traduction et de reproduction réservés pour tous les pays,
y compris la Suède et la Norvège.

DISTRIBUTION DES PIÈCES

A LEUR CRÉATION

LIDOIRE

PERSONNAGES

LIDOIRE.	MM. Janvier.
LA BISCOTTE, Trompette.	Arquillière.
DUMONT, Adjudant	Antoine.
MARABOUT	Desmart.
VERGISSON	Charpentier.
Le Brigadier de semaine	Verse.
Un Homme de garde	***

BOUBOUROCHE

PERSONNAGES

BOUBOUROCHE.............	MM. Pons-Arlès.
UN VIEUX MONSIEUR.............	Antoine.
ANDRÉ.................	Gémier.
POTASSE.................	Arquillière.
ROTH.................	Quinzart.
FOUETTARD.................	Dujeu.
UN GARÇON DE CAFÉ.............	Verse.
ADÈLE.................	Mme Irma Perrot.

MONSIEUR BADIN

PERSONNAGES

LE DIRECTEUR.............	MM. Albert Mayer.
MONSIEUR BADIN.............	R. Lagrange.
OVIDE.................	***

LA PEUR DES COUPS

PERSONNAGES

LUI . . . . M. Henry Krauss.
ELLE . . . . Mme Suzanne Berty.

LES BOULINGRIN

PERSONNAGES

DES RILLETTES . . . . MM. R. Lagrange.
BOULINGRIN . . . . Scheller.
MADAME BOULINGRIN . . . . Mmes Ellen Andrée.
FÉLICIE . . . . B. Le Brec.

THÉODORE CHERCHE DES ALLUMETTES

PERSONNAGES

THÉODORE . . . . MM. R. Lagrange.
MONSIEUR COUIQUE . . . . Homerville

UN CLIENT SÉRIEUX

PERSONNAGES

BARBEMOLLE	MM. B. Millanvoye.
LAGOUPILLE . . . , ...	} Tervil.
MAPIPE	
LE PRÉSIDENT	Hugues Delorme.
LE SUBSTITUT	Jelmo.
M. ALFRED	R. Lagrange.
L'HUISSIER	Nardeau.
1ᵉʳ ASSESSEUR	***
2ᵉ ASSESSEUR	***

HORTENSE, COUCHE-TOI !

PERSONNAGES

LA BRIGE	MM. Albert Mayer.
M. SAUMATRE	R. Lagrange.
HORTENSE	Mᵐᵉ Lola Noyr.

LE CHŒUR DES DÉMÉNAGEURS.

LE DROIT AUX ÉTRENNES

PERSONNAGES

LANDHOUILLE............	MM. Mondos.
UN COCHER DE L'URBAINE.......	Tervil.
UN SOLDAT.............	Frère.
UN MONSIEUR BIEN MIS.........	Rouyer.
LOUISON...............	Mme Louise France

LE GENDARME EST SANS PITIE

PERSONNAGES

LE GENDARME LABOURBOURAX......	MM. Arquillière.
LE BARON LARADE.........	Gémier.
BOISSONNADE, Substitut du Procureur de la République.............	Chartol.
UN HUISSIER............	Verse.

LE COMMISSAIRE EST BON ENFANT

PERSONNAGES

	GYMNASE	THÉATRE ANTOINE
LE COMMISSAIRE	MM. Matrat.	MM. Janvier.
FLOCHE	Munié.	Gémier.
BRELOC	Dubosc.	Antoine.
UN MONSIEUR	Frédal.	Jarrier.
L'AGENT LAGRENAILLE	Boudier.	Saverne.
L'AGENT GARRIGOU	Lebégenski.	Noizeux.
M. PUNÈZ	Moreau.	Verse.
Mme FLOCHE	Mme Marthe Alex.	Mme Ellen-Andrée.

L'ARTICLE 330

PERSONNAGES

LA BRIGE	MM. Dumeny.
LE PRÉSIDENT	Antoine.
LE SUBSTITUT	Signoret.
L'HUISSIER	Tunc.

Théâtre Libre : 8 Juin 1891.

I

Lidoire

PERSONNAGES

LIDOIRE.
LA BISCOTTE, trompette.
DUMONT, adjudant.
MARABOUT.

VERGISSON.
Le Brigadier de semaine.
Un Homme de garde.

Les trois coups de l'avertisseur. Immédiatement, derrière la toile, on entend un trompette sonner les quatre appels. Rideau.
Une chambrée, dans un régiment de cavalerie. Au fond à gauche, en coin, la porte ; puis, face au public, une haute croisée à vitres exiguës derrière laquelle on voit la cour du quartier, blanche de lune. A droite et à gauche, filant de l'avant-scène au fond, des lits accolés deux à deux, et garnis de leurs couvre-pieds réglementaires. Sous la planche à pain, une lourde table où traînent des quarts et une gamelle. Au centre, un poêle.
A droite, Marabout et Vergisson, chacun au pied de son lit, à la position du soldat sans armes. Ils sont en pantalon de treillis, veste et sabots, coiffés du calot d'écurie. Lidoire, même tenue, est debout, près de la porte. D'une main, il tient une chandelle; de l'autre, il en protège la flamme. Dehors, la sonnerie continue. La porte s'ouvre. Entre l'adjudant de semaine, le billet d'appel à la main.

SCÈNE PREMIÈRE

LIDOIRE, MARABOUT, VERGISSON, L'ADJUDANT

LIDOIRE

Silence à l'appel ! — Manque personne, mon lieutenant.

LE SOUS-OFFICIER, qui a effleuré du doigt la visière
de son shako.

Comment ça, il ne manque personne ? Voilà une chambrée de douze lits où vous êtes tout de suite trois.

LIDOIRE

Dam', mon lieutenant, vous savez c' que c'est : quand c'est q' les bleus viennent d'arriver, c'est aux hommes ed'la classe à prend' la semaine, la garde à la police, à l'écurie, et tout. D'ailleurs, 'pouvez vous assurer.

LE SOUS-OFFICIER

Je le sais bien, que je peux m'assurer ; je n'ai pas besoin de votre permission. — D'abord, pourquoi donc est-ce vous qui rendez l'appel ce soir ? Où est le brigadier Sauvage ?

LIDOIRE

A l'hôpital.

LE SOUS-OFFICIER

A l'hôpital ? (Haussement d'épaules.) C'est bien le moment de tirer au cul.

LIDOIRE

Y tire pas au cul, mon lieutenant. Y a arrivé un sale coup au pansage d'à c't' après-midi : un coup de sabot en pleine figure...

LE SOUS-OFFICIER

C'est bon. (Désignant un lit.) Qui couche là ?

LIDOIRE

Chaussier, puni sall' police.

L'un suivant l'autre et l'éclairant, Lidoire et le sous-officier font le tour de la chambre. Et à chaque lit, dont le sous-officier, du doigt, touche le couvre-pied, au passage, Lidoire donne une explication : Cabriol, garde écurie ; Liandier, garde de police ; La Biscotte, trompette, permissionnaire de dix heures ; Truffe, puni de prison ; Pied, à l'infirmerie ; brigadier Sauvage...

LE SOUS-OFFICIER, qui fait halte devant Marabout.

Vous êtes un bleu, vous ?

MARABOUT

Oui. mon lieutenant.

LE SOUS-OFFICIER

Vous en avez bien l'air. (Il lui retrousse le bas de sa veste.)

Vous n'avez pas de bretelles. Prenez votre couverte ; vous allez descendre à la boîte.

LIDOIRE qui s'interpose.

C'est jeune, mon lieutenant ; ça compte à l'escadron d'à seulement c' matin ; ça fait que ça ne sait pas' core...

LE SOUS-OFFICIER

Raison de plus. Ça lui apprendra. D'ailleurs on a besoin de beaucoup d'hommes punis pour casser, le matin, la glace des abreuvoirs. — Ah ça, c'est dégoûtant, ici ! En voilà une bauge ! Qui est de chambre ?

VERGISSON, la main au calot.

C'est moi.

LE SOUS-OFFICIER

Je vous fais mon compliment. Des quarts ! Une gamelle !... c'est du propre ! Vous n'êtes pas un bleu, vous ; ce n'est pas de ce matin que vous comptez à l'escadron, et vous la connaissez il y a belle lurette. Mais l'important n'est pas de la connaître : c'est de la pratiquer. Voilà. Méditez cette parole et prenez votre couverte.

Les deux hommes démolissent leurs lits, se jettent leurs couvertures sur l'épaule et sortent pendant ce qui suit.

LE SOUS-OFFICIER, qui inscrit au billet d'appel
les punitions qu'il vient de porter.

Lidoire !

LIDOIRE

Mon lieutenant ?

LE SOUS-OFFICIER

Demain matin, au réveil, vous me commanderez quatre hommes de corvée pour le pain.

LIDOIRE, qui bondit.

Quat' hommes !... J' pourrai jamais, mon lieutenant. Je n' n'avais déjà eq' trois ; su' les trois n'en v'là déjà deux d' désignés pou' la corvée de glace, et faudra qu' j'en trouve quat' pour la corvée de pain ?

LE SOUS-OFFICIER

Oui.

LIDOIRE

Eh ! où c'est que c'est t'y qu' vous voulez que je les prenne ?

LE SOUS-OFFICIER

Vous les prendrez où vous voudrez. Si vous croyez que ça me touche !...

Il sort.

SCÈNE II

LIDOIRE, puis le BRIGADIER DE SEMAINE,
puis le SOUS-OFFICIER

LIDOIRE

Enfant de salaud qui dit : « Si vous croyez que ça me touche !... » Bien sûr que ça devrait te toucher, sale tringlo !... turco !... fantassin !... (Il redescend en scène. Un temps. De l'autre côté de la cloison on entend : « Silence à l'appel ! Manque personne, mon lieutenant ».) Ça me démolit, moi, ces choses-là ! Ça me coupe mes moyens, rasibus. J'voulais justement préparer ma revue de détails pour ed'main, astiquer mon fourbi et tout ; et ben j'vas préparer peau de balle et peau de zébie, et en fait d'astiquage (Il abat sur son lit un furieux coup de poing.) j'vas astiquer ma plaque de couche. Et allez donc ! ça fait le compte !

 Il colle d'une larme de suif sa chandelle au bout de sa patience dont il loge l'autre extrémité sous la pile de vêtements de sa charge. Ceci fait, il s'assied d'une fesse sur son lit, qui est le premier du rang à l'avant-scène de droite, et, face au public, il commence à se déshabiller. Long silence d'abord, puis :

La classe donc ! La classe !

 Il enlève sa veste. Sur sa chemise de grosse toile écrue, les pans de sa cravate lui tombent jusqu'au nombril.
 La porte s'ouvre. Paraît le brigadier de semaine.

  LE BRIGADIER, sur le seuil.

Hé ! Lidoire ! Demain, au réveil, t'auras à me commander quatre hommes pour la corvée de pain, t'entends ?

  LIDOIRE, qui ne s'est même pas retourné.

Zut !

 La porte retombe, puis se rouvre

LE BRIGADIER

En calot, pantalon de treillis et blouse, les quatre nommes.

LIDOIRE, même jeu.

Zut !

> Sortie du brigadier. Lidoire, qui a enlevé sa culotte, se met au lit. Il a conservé son caleçon et les étroites bandes de toile enroulées autour de ses pieds, et qui lui tiennent lieu de chaussettes. — Soudain, par l'entrebâillement de la porte, ouverte une troisième fois, le sous-officier passe la tête.

LE SOUS-OFFICIER

J'ai oublié de vous dire, Lidoire. En veste et pantalon de cheval, les quatre hommes, pour la corvée de pain. Veillez-y, hein ?

> Même jeu que plus haut, de la porte qui retombe puis se rouvre.

LE SOUS-OFFICIER

Et képi.

> Il disparaît.

LIDOIRE, exaspéré.

Ah ! voleux de métier où tout le monde commande sans qu'y yait seulement un lascar pour savoir de quoi qu'y retourne ! « En veste ! » qu'y dit l'un ; « En blouse ! » qu'y dit l'autre ! Ed' veste en blouse, d'bottes en sabots et d'pantalon d'cheval en pantalon de treillis, j'finirai ben par prend', moi aussi, ma

couverte !... Et y en a comme ça qui rengagent !
Qu'est-ce que faut qu'y z'ayent dans la peau ?...
(Il se soulève sur les poings et se hisse jusqu'à sa chandelle.)
La la ! Si ya jamais qu'un congé de rengagement pour

em' tomber su' eun' dent creuse... (Il souffle la lumière.)
'suis pas près d'avoir eun' fluxion... Bonsoir ma
cocotte.

> Il s'endort.
> Silence et nuit. Au loin, le trompette de garde sonne l'extinction des feux.

Tout à coup, la porte, qui, depuis un instant, est secouée d'étranges soubresauts, cède et s'ouvre, chassée d'un coup de pied ; et, sur un fond lumineux de lune, la silhouette se détache en noir, de La Biscotte, ivre à rouler. Il a le plumet au shako; le vaste manteau à pèlerine des nuits de pluie et de grands froids. Il demeure là, hésitant, cramponné des deux mains aux chambranles de la porte. A la fin, d'une voix éplorée : Lidouère!... Lidouère!... Lidouère!...

LIDOIRE, éveillé en sursaut et qui se dresse dans son lit.

Eh ? Quoi ? Qui c'est qu' est là ? C'est-y toi, La Biscotte ?

SCÈNE III

LIDOIRE, LA BISCOT

LA BISCOTTE, d'une voix empêtrée de colle de pâte.

Oui, c'est moi.. Mon pau' ieux.., s' suis saoul comme eun' vache.

LIDOIRE

Viens te coucher, si c'est qu' t' es plein.

LA BISCOTTE

Mon 'ieux salaud... m'en vais te dire une bonne chose : m' rappelle pas où qu'est mon pucier.

LIDOIRE

Tu t' rappelles pas où qu'est ton pucier?

LA BISCOTTE

Non mon 'ieux... S' sais pas comment qu' ça se fait..., m' rappelle pas où qu'il est... Où qu'il est mon pucier, Lidouère ?

LIDOIRE, égayé.

C'est y couenne, hein, un homme qu'est bu !... (Il saute du lit, vient au secours de cette pitoyable détresse.) Allons, arrive ! (Sous les aisselles, il a empoigné son copain. Celui-ci fait un pas, bute du pied et donne du nez en avant.) Hé là ! Attention donc !

LA BISCOTTE, soutenu sous les bras et dont le bancal bat
le fer des couchettes, au passage.

... S' suis saoul.

LIDOIRE

Eh je l' cré ben, q' t' es saoul ! Y s'a même payé ta fiole, et salement, c' t'y-là qui t'a vendu ça pour du sirop de radis noir. Quien, le v'là ton pucier, couche toué. (Lui-même regagne son lit, en hâte.) J' suis gelé, bonsoir de bonsoir !

> Long silence. La Biscotte, au pied de son lit, demeure sans un mot, sans un geste, à regarder tourbillonner l'ombre. A la fin, d'une main qui tâtonne et ne trouve pas, il déboutonne son manteau, s'efforce ensuite, mais vainement, de déboucler son ceinturon. Son buste, comme vidé par l'ivresse, oscille de tribord à bâbord. Chute bruyante de son shako, qui s'en va rouler on ne sait où, dans la nuit.

LIDOIRE, vaguement inquiet.

Ah ça, quéq' tu fabriques ? C'est t'y q' tu vas pas pagnotter ?

LA BISCOTTE

Mon pau' ieux, 'vais t'dire un' bonne chose... s'peux pas ertirer ma culbutte.

LIDOIRE

Tu peux pas te déculotter?

LA BISCOTTE

Non, mon 'ieux.

LIDOIRE

Eh ben, y a du bon! A c' t' heure ici faut cor' que j' me lève, moi, alorss? (Faussement indigné.) T' eun' n'as pas le trac, tu sais ben. (Il saute du lit.) T'as d' la veine d'êt' un pays, va!

> Il commence à déshabiller La Biscotte, lui enlève son manteau, puis son dolman. La Biscotte apparaît, pantalonné de rouge jusqu'aux tétons.

LA BISCOTTE, pendant l'opération.

Mon 'ieux salaud... 'ai rud'ment rigolé, t' sais... Y a un civil qui m'as mis une claque.

LIDOIRE

Allons donc!

LA BISCOTTE

Oui, mon 'ieux...; s'lai rencontré chez la mère Paquet, l' civil... « Trompette, qu'y me dit comme ça..., s' sais qu'est-ce que c'est... eq' d'êt' trompette... s' l'ai été, moi, trompette, qu'y dit... » Bon Dieu, s' suis t'y saoul!

LIDOIRE, ironique.

Mais non! c'est des menteries.

LA BISCOTTE

C'est des menteries ?

LIDOIRE

Quand ej' te l' dit. Mets tes fesses là, vieux farceur, que je t'enlève tes sous-pieds.

> La Biscotte s'assied sur son lit, les jambes pendantes. Lidoire lui tire les bottes.

LA BISCOTTE

Pour t'en er~venir au civil... « Eh ben, mon 'ieux, comme s'y dis..., t'as eun' poire à êt' trompette, toi, 'core ! Tu m' fait marrer, quand tu viens raconter eq' t' as été trompette... Trompette !! Pour êt' trompette, mon 'ieux, faut savoir donner le coup de langue...

C'est pas le tout de faire « ta ta ta », il faut faire
« ta da ga da ». C'est pas vrai?

LIDOIRE, qui attaque la culotte.

Si.

LA BISCOTTE

Bon, voilà le civil... qui me met une claque... C'est épatant, hein, ça?

LIDOIRE, sans conviction.

Pour sûr, c'est épatant.

LA BISCOTTE, menaçant.

Mais j'y bourrerai l' nez, moi, au civil... tu sais.

LIDOIRE

C'est ça. Range-toi voir un peu, que je te fasse ta couverte.

> Discours incohérents et inintelligibles de La Biscotte. On entend vaguement : « Saoul, bon Dieu!... Le civil... trompette, qu'y dit...; porté la main sur mon uniforme. » Lidoire, pendant ce temps, a désemprisonné le traversin, ouvert le lit, qu'il a creusé à grandes posées.

LIDOIRE, qui empoigne La Biscotte et le couche.

Allons, oust! Enl'vez l' bœuf! Au chenil! A c't' heure ici, c'est-y à peu près comme tu veux?

LA BISCOTTE

... Des fois.

LES MARIONNETTES DE LA VIE

LIDOIRE

En ce cas, ça va bien. Bonsouèr !

Nouveau silence. Sous les draps, qu'il s'est ramené jusqu'au menton, les dents de Lidoire claquent avec un bruit de castagnettes.

LA BISCOTTE, couché.

... r'ci, Lidouère... te r'mercie beaucoup... merci bien !... (Silence systématique de Lidoire qui voudrait avoir la paix.) T' sais, mon 'ieux, s' me l' rappellerai... qu'est-ce que tu as fait pour moi... S' me l'rappellerai toute ma vie... q' t'es venu me sercher à la porte... q'tu m'as er'tiré mon falzar, mon s'ako et mes tartines...

q' tu m'as fourré au pieu, kif-kif eun' maman ! (Lidoire, agacé, ramène son drap par dessus sa tête.) Pour sûr... que s' me le rappellerai... (Il s'émeut à mesure qu'il parle. Il finit par s'asseoir dans son lit et, avec un grand geste mou qui voudrait désigner Lidoire): Quien, Lidouère, veux-tu que j' te dise?... Eh ben, t'es un bon cochon !... voilà qu'est-ce que tu es...; t'es un bon cochon... oui, t'es un bon salaud !... S'ai q' toi d'ami à l'escadron, mon 'ieux dégoûtant... (Attendrissement qui se mouille de larmes.) T'as eun' pauv' gueule... S' peux pas la r'garder sans avoir évie d' pleurer, tel'ment qu'à m' rappelle l' patelin... (Il pleure. Silence obstiné de Lidoire, qui hausse furieusement les épaules sous le drap.)

Peu à peu, cependant, l'émotion de La Biscotte se calme; il rentre sous ses couvertures. Satisfaction manifeste de Lidoire, qui repousse silencieusement les siennes, et, mi-dressé, prête l'oreille.

LIDOIRE, bas.

J' n'entends pus ren. C' coup ici, j' cré qu' ça y est tout de même... N'est que temps.

Même jeu que plus haut, mais en sens inverse; les draps de La Biscotte se soulèvent au même moment où retombent ceux de Lidoire.

LA BISCOTTE, promenant autour de soi des yeux inquiets.

C' t' épatant!... C' t' épatant!... (A droite et à gauche de son lit, il se penche, comme pour voir dessous. Puis d'une voix qui s'enhardit): Lidouère!... Lidouère!... Eh! Lidouère!...

LIDOIRE, assoupi.

C' qu'il a fait?

LA BISCOTTE

Mon 'ieux, c' t' épatant!... y a un client sous mon lit... qui le soulève avec son dos...! s' monte! s' monte! s' monte!... Ah! c'est épatant!

LIDOIRE

C'est la soûlerie, poivrot! Dors donc!

LA BISCOTTE

... la soûlerie... la soûlerie... pas la soûlerie, bien sûr!... (Frappé d'une idée.) Oh! bon Dieu! s' parie qu' c'est l' civil... qui s'aura fourré sous mon pieu... et qui le soulève... pour m'embêter. Faut qu' z'aille voir...

Il se lève. Écroulement formidable et instantané.

LIDOIRE, sursautant.

Vingt gueux ! c' qu'y a cor' ?

LA BISCOTTE, qu'on ne voit plus, tombé entre deux lits.

Mon 'ieux salaud... vais te dire une bonne chose... s' m'ai fichu les quat' fers en l'air et à c't' heure... s' peux pus me r'lever... s' sais pas comment q'ça se fait... faut croire que j' suis trop saoul !... Viens-moi r'lever, dis, Lidouère...

LIDOIRE, que commence à gagner une sourde exaspération.

Eh bé, t'enn'n'as une, de paille ! Tu s'ras frais, ed'-main, pou' monter à cheval, fé la corvée et la manœuvre ! (Sautant sur pieds une fois encore.) Oui, j' te vas er'lever, soûlaud ! (Il s'exécute), mais tâche voir cor' à ertomber : j'te laisse l' derrière à l'air, tu verras un peu si t'y coupe !

LA BISCOTTE, consterné.

... l' derrière à l'air?

LIDOIRE

Oui, l' derrière à l'air !...

LA BISCOTTE

Eh ben, mon colon !

LIDOIRE

C'est comme ça. Tu m'embêtes, à la fin des fins.

LA BISCOTTE

Ah ! (Changeant de ton.) Bon Dieu, qué s'ai souéf !

LIDOIRE, un genou sur son lit.

Quoi qu' tu dis ?

LA BISCOTTE

... S' crèv' de souéf, mon pau 'ieux.

LIDOIRE

Qué qu' tu veux que j'y fasse ?

LA BISCOTTE.

Porte-moi à bouère, s'il te plaît.

LIDOIRE.

J'ai point d'eau.

LA BISCOTTE.

Yen' n'a dans la cruche.

LIDOIRE.

All' est gelée.

LA BISCOTTE.

Fais la cuire su' l' poêle.

LIDOIRE, hors de lui.

Su' el' poêle ! su' el' poêle...

> Tant d'indiscrétion le dépasse, à la fin. Il s'élance sur La Biscotte, avec la velléité visible de l'étrangler ; mais il fait trois pas et s'arrête : son bon cœur a repris le dessus.
> Longue scène muette.
> Il revient sur ses pas, lentement, va à sa charge, en tire une allumette et allume le bout de chandelle resté collé à sa patience. Lumière. Il gagne le fond de la scène, prend la cruche au rebord de la fenêtre, la pose violemment sur la plaque du poêle, dont il éprouve de la main le degré de calorique. Le poêle est chaud. Lidoire se brûle. Claquements de ses doigts secoués dans le vide ; coup d'œil furieux, jeté de biais sur La Biscotte. Il se met

à quatre pattes, souffle des ouragans dans la bouche d'air du poêle, se relève, retourne à sa charge, en tire son dolman et l'endosse. Ses dents claquent. Il vient à la table ; il y prend un quart, l'examine, crache dedans pour le rincer et l'essuie soigneusement ensuite avec son drap.
— Mimique d'une rage froide qui se contient. A la fin,

dans le quart, il verse l'eau de la cruche, et, toujours sans un mot, le porte à La Biscotte.

LA BISCOTTE, qui boit, s'interrompt.

T'as pas besoin de faire une tête comme ça.

LIDOIRE

Boué donc !

LA BISCOTTE, qui, deux fois encore, s'interrompt de boire pour parler.

C' t'y d' ma faute à moi, si s' suis saoul ?... (Il boit.)

D'abord, s' te dirai une bonne chose : y ya pas d' honte à êt' saoul...; t' sauras ça, mon vieux.

LIDOIRE, sévère mais juste.

Bien sûr non, qu'il n'y a point d'honte. C'est des choses qu'arrivent à tout le monde. L' déshonneur, c'est d'embêter les personnes comme tu l' fais ; d' fair' prend' la semaine à un copain comme v'là moi, ed' l'obliger à se bal‑ lader (Il montre ses pieds nus.) en bottes molles, à ménuit, par un froid de pus de vingt degrés au thermomètre du maréchal des logis chef, q' les hommes de garde en pren‑ nent la faction en sabots ! (La Biscotte veut placer un mot.) C'est bon ! A c't' heure, t'as bu, pas vrai ? Eh ben, rom‑ pez !

D'un mouvement exaspéré il a rejeté la cou‑ verture sur la figure de La Biscotte, lequel disparaît com‑ plètement. Lui-même regagne son lit. Il souffle sa chandelle et enlève son dolman.

Immédiatement, chez La Biscotte, la tempête des remords commence. Sous le drap, on voit se soulever ses épaules que secouent de silencieux sanglots. Soudain, violemment, il projette hors du lit son masque baigné de grosses larmes.

LA BISCOTTE, hurlant.

Oui, es'suis qu'un cochon!... T'as raison, Lidouère... 'suis qu'un muffe!... S' déshonore l'armée française!...

LIDOIRE, dressé, lui aussi, dans son lit.

Veux-tu me fiche la paix, La Biscotte !

LA BISCOTTE, désespéré.

S' déshonore l'armée, que j' te dis !... S' suis pus digne d'êt' trompette en pied !... S' veux me lever !...

LIDOIRE

Pourquoi faire ?

LA BISCOTTE

S' veux aller au magasin... rend' ma trompette au capitaine d'habillement ! (Tandis que Lidoire, affolé, cherche à tâtons des allumettes, lui, a détaché sa trompette pendue près de son sabre, à la tête de son lit. Il la porte à sa bouche et sonne. Sons rauques, épouvantables.) S' uis déshonoré !... S'suis pas seul'ment foutu ed' donner le coup de langue !... Quien ! s' vas la casser, ma trompette ! (Il empoigne son instrument par l'embouchure et, de toutes ses forces, il en frappe le pavillon sur le plancher.)

LIDOIRE qui, enfin, a fait de la lumière et réenfilé son dolman, se précipite.

Veux-tu laisser ça ! Bon Dieu !... Casser ta trompette, à présent ! Un effet de grand équipement, que t'y couperais pas du Conseil et d'un an au moins d' Biribi !

LA BISCOTTE

'm'en fiche un peu, d' Biribi ! S' voudrais êt' claqué ! Rends-moi ma trompette, que i' te dis !

> Lutte des deux hommes, cramponnés chacun à une extrémité de la trompette. La victoire reste à Lidoire. La Biscotte, navré, retombe dans son lit. Lidoire s'empresse vers le sien. Au même instant, la porte s'ouvre. Paraît l'adjudant, suivi d'un homme de garde qui porte une lanterne.

LIDOIRE

Oh ! contr' appel'.

SCÈNE IV

Les Mêmes, L'ADJUDANT

LE SOUS-OFFICIER, stupéfait.

Ah ça ! qu'est-ce que vous faites là, vous ?

LIDOIRE

J' fais rien, mon lieutenant.

LE SOUS-OFFICIER, ironique.

Vraiment ? Prenez votre couverte, mon brave,

j' m'en vais vous apprendre à garder de la lumière après l'extinction des feux et à faire le comédien avec un dolman et une trompette. Allons vite !

LIDOIRE, à part.

La Biscotte fourré à l'ours par eun' température pareille, c'est la congexion forcée... (Courte hésitation.) Y a rien de fait ! (Il saute sur sa charge, passe son pantalon de treillis, et enfile sa blouse par-dessus son dolman.) Après tout, quoi ? Ça compte su' le congé, la boîte, et y a toujours la classe qui est là pour un coup ! (Il prend sa couverture.) J' vous suis.

LE SOUS-OFFICIER

Passez devant.

Ils sortent. La porte retombe. Nuit.

SCÈNE V

LA BISCOTTE

LA BISCOTTE, couché, ivre mort.

Lidouère !... Lidouère !... Lidouère !...

RIDEAU

Théâtre Libre : 27 Avril 1893.

Boubouroche

PERSONNAGES :

BOUBOUROCHE.
UN VIEUX MONSIEUR.
ANDRÉ.
POTASSE.

ROTH.
FOUETTARD.
UN GARÇON DE CAFÉ.
ADÈLE.

ACTE PREMIER

Un petit café d'habitués, qu'éclairent quelques becs de gaz.
Au fond, la porte ; de chaque côté de laquelle, sur les vitres de la façade, des affiches qui tournent le dos.
A droite, vu de profil, le comptoir, où trône une pompeuse caissière ; puis une série de tables de marbre qui viennent jusqu'à l'avant-scène.
A gauche, longeant le mur, une égale quantité de tables.
Au centre, une table isolée, chargée de journaux et de brochures.
Au lever du rideau (outre quelques consommateurs qui s'en iront au cours de l'acte), un monsieur d'âge respectable, assis à une des tables de droite, devant une tasse de café, s'absorbe dans la lecture du *Temps*. — A gauche, près de la rampe, Boubouroche joue la manille avec Potasse, contre MM. Roth et Fouettard, les reins dans la moleskine de la banquette. Grand amateur de bière blonde, il a déjà, devant lui, un beau petit échafaudage de sou-

coupes ; cependant que Fouettard et Roth, qui se sont attardés aux cartes et qui n'ont pas encore dîné, achèvent par petites gorgées l'absinthe restée en leurs verres.

SCÈNE PREMIÈRE

BOUBOUROCHE, POTASSE, ROTH, FOUETTARD, CONSOMMATEURS.

BOUBOUROCHE, abattant une carte.

C'est pour la paix que mon marteau travaille.
Loin des canons, je vis en liberté.

POTASSE

Qu'est-ce qu'il faut que je fasse ?

BOUBOUROCHE

Coupe, parbleu !

POTASSE

Avec quoi ?

BOUBOUROCHE

Tu n'as pas de couteau ?

POTASSE

Je n'en ai jamais eu.

BOUBOUROCHE

C'est trop fort ! Tu ne pouvais pas le dire tout de suite ?

POTASSE, malin.

Pour les renseigner, n'est-ce pas ?

BOUBOUROCHE

Les renseigner!... Tu m'as l'air renseigné!

POTASSE

Mais...

BOUBOUROCHE

Zut! On ne joue pas la manille comme ça.

POTASSE, choqué.

Je joue comme je peux.

BOUBOUROCHE

Alors, laisse-moi conduire. C'est curieux, aussi, ce parti-pris de vouloir, toujours et quand même, conduire la manille parlée!... Comme s'il était donné à tout le monde de conduire la manille parlée! (Cependant, Roth et Fouettard se font du bon sang en silence.) Tiens, regarde Roth et Fouettard!... Ils se fichent de toi; c'est flatteur!... Et ça nous coûte une levée.

POTASSE

Enfin, qu'est-ce que je fais?

BOUBOUROCHE

Des sottises!

POTASSE

Je te demande ce que je dois faire.

BOUBOUROCHE

Me laisser conduire seul.

POTASSE, agacé.

J'ai de la peine à me faire comprendre. Que dois-je mettre?

BOUBOUROCHE

Où ça?

POTASSE

Sur le pli!

BOUBOUROCHE, qui comprend enfin.

Ah! bon! Mets une crotte de chien!

Potasse met une carte.

FOUETTARD, à Roth, qu'il questionne.

Un cheval?

ROTH

Un bœuf!... Un éléphant!

Fouettard joue, fait la levée, puis :

FOUETTARD, abattant sa dernière carte.

Et cœur!

BOUBOUROCHE, jouant.

Pour moi! (Il ramasse ses levées et fait à demi-voix son compte.) Quatre et quatre huit et cinq treize. — Et cinq, dix-huit, et un dix-neuf, et un vingt. — Et cinq, vingt-cinq; et quatre, vingt-neuf; et six, trente-cinq. — Et un, trente-six; et quatre quarante... — Et seize, cinquante-six. — C'est bien cela. Vingt-deux pour nous; marque, Potasse.

POTASSE, marquant.

Vingt-deux pour les invités.

ROTH

A qui de faire?

BOUBOUROCHE

C'est à Fouettard. Où diable est mon tabac?

FOUETTARD, qui l'avait mis dans sa poche, l'en retire.

Le voici. Simple distraction.

Là-dessus il ramasse les cartes, les bat et donne à couper.

BOUBOUROCHE, ramassant ses cartes au fur et à mesure qu'elles lui sont distribuées :

C'est pour la paix que mon marteau travaille.
Loin des combats je vis en liberté...

FOUETTARD, agacé et s'arrêtant de donner.

Ah! non, tu nous rases, tu sais, avec ton *Forgeron de la Paix!*

ROTH

Pour sûr, tu nous rases!... Sans blague, vieux, ça ne te serait pas égal de chanter autre chose?

BOUBOUROCHE

Je chante ce que je sais.

FOUETTARD

Vrai, alors, tu as un répertoire restreint. (Il donne la retourne.) La dame. Deux pour nous. (Il marque.)

BOUBOUROCHE, qui a étudié son jeu.

Causons peu, mais causons bien. (A Potasse.) Comment es-tu de la maison?

POTASSE

Ma part.

BOUBOUROCHE

Par le roi?

POTASSE

Oui.

BOUBOUROCHE

Des coupes?

POTASSE

Deux mille deux cent vingt-deux.

BOUBOUROCHE

Attends. — Tu n'as pas de manille

POTASSE

Non; mais j'ai les deux manillons noirs.

BOUBOUROCHE

Qui est-ce qui te demande ça?

POTASSE, qui se justifie.

Tu me questionnes.

BOUBOUROCHE

Ce n'est pas vrai.

POTASSE

Comment, ce n'est pas vrai!

BOUBOUROCHE

Non.

POTASSE

Si.

BOUBOUROCHE

Non. A-t-on idée d'un entêtement pareil? (Mouvement de Potasse.) Tu ne sais pas la conduire, je te dis; tu ne sais pas la conduire, la manille parlée!... Tu la conduis comme une charrette à bras, comme une soupière, comme un tire-botte! Depuis des années, je te le répète! Seulement, voilà; l'orgueil, l'éternel orgueil, le besoin de briller et d'étonner le monde par des mérites que l'on n'a pas!... Faire le malin et l'entendu!...

POTASSE

Oh! mais pardon! En voilà assez! (Il se lève.) Amédée!

AMÉDÉE

Monsieur?

BOUBOUROCHE, effaré.

Hein? Quoi?

POTASSE, à Amédée.

Mon paletot, mon chapeau!

ROTH, qui s'interpose.

Voyons!

POTASSE

Fiche-moi la paix, toi.

BOUBOUROCHE

Est-il bête!

FOUETTARD, conciliant.

Potasse!

ROTH

Tu ne vas pas te fâcher?

POTASSE, qui commence à mettre son pardessus.

Ça suffit!

ROTH

T'es là que t'emballes!..

FOUETTARD

Viens donc jouer!

POTASSE

Je ne joue plus!

BOUBOUROCHE

Pourquoi?

POTASSE

Je passe ma vie à me faire engueuler; j'en ai plein le dos, à la fin !

FOUETTARD, désolé.

Potasse !

ROTH, navré.

Potasse !

BOUBOUROCHE, repentant et contrit.

Potasse !

POTASSE, intraitable.

Non !

BOUBOUROCHE

Reprends donc tes cartes, Potasse. Si je t'ai fait de la peine, je t'en demande pardon.

ROTH, appuyant sur la chanterelle.

Là !...

BOUBOUROCHE

Je te fais des excuses.

ROTH

T'entends ?

BOUBOUROCHE

Tu sais bien que, pas un instant, l'idée ne m'est venue de te blesser par des paroles désobligeantes ! Nous sommes des amis, que diable ! Oublie donc un moment d'erreur, et reprends tes cartes, Potasse. Que veux-tu, c'est plus fort que moi; quand je joue la manille, je ne me connais plus.

Tandis que Boubouroche a ainsi discouru, Potasse, sa rancune désarmée, a rendu à Amédée son chapeau et son par-dessus. A la fin il a repris, à la table de jeu, la place qu'il y occupait au lever du rideau. Il reprend son jeu laissé là, et chacun des autres joueurs ayant également repris le sien, la séance continue.

Un temps.

BOUBOUROCHE, très humble.

Donc, tu as deux carreaux, deux cœurs, le manillon de trèfle deuxième, et deux piques par le manillon. C'est bien ton jeu ?

POTASSE

Oui.

BOUBOUROCHE

Bon ! Cache-le. — Joue atout. (Étonnement de Potasse.) Joue atout; crois-moi ;... du plus gros. (Potasse, convaincu, abat le roi d'atout.) Si le manillon est chez Roth...

ROTH, qui met l'as.

Il y est.

BOUBOUROCHE, qui triomphe.

Tu vois ?... Je lui fais un sort ! (Lui-même, du dix d'atout a pris.) Nous allons essayer le dix-sept. — Atout !

FOUETTARD, amer.

Ça réussit.

BOUBOUROCHE, au comble de la gloire.

Ah !... — Maintenant, attention au mouvement.

Long silence.
Puis :

BOUBOUROCHE, à demi-voix.

C'est pour la paix que mon marteau travaille
Loin des canons, je vis en liberté...

LES TROIS JOUEURS AGACÉS

Boubouroche!!...

BOUBOUROCHE

Laissez, laissez;... vous gênez mon inspiration. (A lui-même.) Ils font la manille de trèfle : on ne peut pas les en empêcher. Ça ne fait rien; ils perdent quand même. (A Potasse.) Écoute, je vais jouer pique pour toi.

POTASSE

Bon.

BOUBOUROCHE

Tu prendras de ton manillon, et tu renverras petit pique.

POTASSE

Compris.

BOUBOUROCHE, jouant.

Pique!

FOUETTARD, à son partner

Au point.

ROTH

Tu parles!...

Potasse prend de son as.

BOUBOUROCHE

Joue pique! (Potasse obéit, Boubouroche fait la levée et rejoue.) Pique maître!

POTASSE

Je me défonce?

BOUBOUROCHE

D'un cheval!... Fais voir ton jeu. (Potasse renverse les

cartes qui lui restent encore en main.) **Mets ton manillon de trèfle.**

POTASSE

Voilà.

BOUBOUROCHE, jouant à mesure qu'il annonce.

Trèfle pour toi !... Trèfle pour moi !... Et, cœur. Vingt-sept pour nous, et vingt-deux à la marque : quarante-neuf... Vous êtes dans le lac.

ROTH

Ça y ressemble.

BOUBOUROCHE

Encore une ?

FOUETTARD

Ah ! non.

BOUBOUROCHE, engageant.

La dernière.

FOUETTARD

On voit bien que tu as dîné, toi !... (D'une voix qui faiblit.) Il est trop tard, réellement. Quelle heure est-il, Amédée ?

AMÉDÉE

Neuf heures moins vingt, Monsieur Fouettard.

ROTH et FOUETTARD

Neuf heures moins vingt !...

ROTH

Je croyais qu'il était sept heures et demie !... (Il saute sur son pardessus.) Moi qui ai promis à une femme de la mener à l'Hippodrome !

FOUETTARD

Et moi qui ai du monde à dîner!... On doit être en train de me chercher à la Morgue.

ROTH

Nous allons être bien reçus!

FOUETTARD

Oui; ça ne va pas être ordinaire. — Eh! Amédée!

AMÉDÉE

Monsieur?

FOUETTARD

Combien ça fait, tout ça?

AMÉDÉE, *après avoir fait le compte des soucoupes dressées en colonne.*

Quatre francs vingt!

FOUETTARD à ROTH

Deux francs dix chacun.

ROTH

Deux francs dix chacun; c'est cela même.

Les deux hommes tirent leur porte-monnaie et y farfouillent longuement.
Soudain :

ROTH

Au fait, Boubouroche, est-ce que je ne te dois pas huit francs?

BOUBOUROCHE

C'est possible.

ROTH, qui se récrie.

Possible? C'est même sûr!

BOUBOUROCHE, discret.

Ça ne presse pas, en tous cas.

ROTH

Non?

BOUBOUROCHE

Non.

ROTH

Alors, oblige-moi donc de payer mes soucoupes. Nous compterons à la fin du mois.

BOUBOUROCHE

Avec plaisir.

ROTH

Merci.

BOUBOUROCHE

De rien. — A demain, hein?

ROTH

A demain.

FOUETTARD

A propos. Paye donc aussi pour moi; veux-tu? Je suis sorti sans argent, figure-toi. Je te rembourserai demain soir.

BOUBOUROCHE

Mais oui, mais oui.

FOUETTARD

Ça ne te gêne pas, au moins?
> Boubouroche hausse les épaules et rit.

FOUETTARD

En ce cas...
> Poignées de mains.

FOUETTARD et ROTH

Au revoir, Boubouroche.

BOUBOUROCHE

Au revoir, vieux!
> Sortie de Roth et de Fouettard.

SCÈNE II

BOUBOUROCHE, POTASSE

POTASSE

Boubouroche.

BOUBOUROCHE

Quoi?

POTASSE

Paye-moi un distingué, je te dirai ce que tu es.

BOUBOUROCHE

Je te l'aurais offert sans ça! — Deux distingués, Amédée!

AMÉDÉE

Boum !

BOUBOUROCHE

Bien tirés, hein !... Pas trop de faux-col !

AMÉDÉE, qui apporte les deux verres.

Soignés !

BOUBOUROCHE

A la nôtre !

POTASSE

A la nôtre !
On trinque.

BOUBOUROCHE, après avoir bu.

Eh bien, qu'est-ce que je suis ?

POTASSE

Une poire.

BOUBOUROCHE, un peu étonné.

Depuis quand?

POTASSE

Depuis que ta mère t'a mis au monde pour le plus grand bien des tapeurs et des poseurs de lapins. Tu n'as pas honte, gros cornichon, de payer les soucoupes de ces deux carottiers, quand ce serait justement à eux de payer les nôtres? En somme, quoi? Ils ont perdu.

BOUBOUROCHE

Qu'est-ce que ça me fait, à moi? Je ne joue pas pour gagner.

POTASSE

Poire!

BOUBOUROCHE

Je joue pour mon amusement. J'adore conduire la manille. Et puis, que veux-tu? C'est si pauvre!

POTASSE

Je te dis que tu es une poire.

BOUBOUROCHE

Tu répètes toujours la même chose.

POTASSE

Oh! une bonne poire, ça, je te l'accorde; savoureuse et juteuse à souhait. Mais une poire, pour en finir.

BOUBOUROCHE

Je ne suis pas l'homme que tu supposes.

POTASSE

Bah !

BOUBOUROCHE

Que connaissant l'existence et que naturellement avide de faire bon ménage avec elle, je lui fasse par-ci par-là..

POTASSE

Une petite concession.

BOUBOUROCHE

Ça, mon Dieu, je ne dis pas le contraire. Mais au fond, tu entends, Potasse, je ne fais que ce que je veux faire et ne crois que ce que je veux croire. Je suis têtu comme une mule, avec mes airs de gros mouton.

POTASSE

Avec ton dos de pachyderme et ta tête de sanglier, tu as juste assez d'énergie pour être hors d'état de défendre ta bourse contre l'invasion des barbares, juste assez de poil aux yeux, tu entends, Boubouroche, pour passer par un trou de souris le jour où ta maîtresse exige que tu y passes.

BOUBOUROCHE

Adèle me fait passer par un trou de souris ?

POTASSE

Oui.

BOUBOUROCHE

Qu'est-ce que tu en sais, d'abord ?

POTASSE

Je n'en sais rien, mais j'en suis sûr.

BOUBOUROCHE

Tu parles sans savoir. Tais-toi. Que connaissant la nature d'Adèle et que naturellement avide de vivre sur le pied de paix, je fasse bon marché de ses petits travers et lui donne volontiers raison...

POTASSE

Quand elle a tort.

BOUBOUROCHE

Ça, mon Dieu! c'est encore possible... Mais passer par des trous de souris?... Sois tranquille, va, je sais ce que je fais. On n'a pas vécu huit ans avec une femme sans être fixé sur son compte.

POTASSE

Huit ans!

BOUBOUROCHE

Oui, mon cher; huit ans!

POTASSE

Quel collage!...

BOUBOUROCHE, lyrique.

Le dernier de ma vie.

POTASSE

Tu en as eu beaucoup?

BOUBOUROCHE

Je n'ai eu que celui-là.

POTASSE

Mazette ! Tu n'avais pas commencé en nourrice.

BOUBOUROCHE

J'avais trente ans. (Ébahissement de Potasse). Qu'est-ce qui te prend ?

POTASSE, qui n'en revient pas.

Tu as trente-huit ans ?

BOUBOUROCHE

Depuis un mois.

POTASSE

Tu en parais bien quarante-sept.

BOUBOUROCHE, très simplement.

Oh, du tout !... Je paraîtrais plutôt plus jeune que mon âge. — Je suis gros, c'est ce qui explique ton erreur ; mais si j'ai du ventre, je n'ai pas de rides. (Large sourire satisfait).

POTASSE, attendri, à mi-voix.

Bon garçon ! — Et d'où vient, dis-moi, que tu aies attendu trente ans pour te donner le luxe d'une maîtresse ?

BOUBOUROCHE

De bien des choses, mon ami. D'abord d'une grande timidité, que j'ai toujours portée en moi et dont je n'ai jamais pu me défaire. Puis, je suis un peu... sentimental, en sorte que j'ai longtemps cherché, sans les trouver, une âme qui fût sœur de la mienne, un cœur qui sût comprendre le mien. (Rires de Potasse.) J'ai dit quelque chose de drôle ?

POTASSE

Ne t'inquiète pas, continue. Tu es à couvrir de baisers.

BOUBOUROCHE, bien qu'un peu étonné, continue.

Je rencontrai Adèle dans une maison amie, où elle venait, le dimanche soir, prendre le thé et faire la causette. Elle avait alors vingt-quatre ans et le charme indéfinissable qu'ont les blondes, très blondes, en deuil.

POTASSE

Elle était veuve ?

BOUBOUROCHE

De six mois. Elle me plut, mais elle me plut !... Mille fois plus que je ne saurais dire !... Sa distinction surtout me charmait ; tu sais, cette allure d'honnête femme à laquelle un homme ne se trompe pas ?

POTASSE, qui se fait du bon sang, mais se garde d'en laisser rien voir.

Oui ; tu as l'œil américain.

BOUBOUROCHE

Et je songeais mélancolique : « Ne te frappe pas, Boubouroche ; ce fruit n'est pas pour ton assiette. » — Un soir, elle me pria de lui donner le bras et de la déposer à sa porte. Nous partîmes. Le silence des rues et le clair de lune qu'il faisait m'inspirèrent des témérités. Sous l'ombre de sa porte cochère, comme elle me donnait le bonsoir, je pris ses petites mains dans les miennes, comme ceci (il prend les deux mains de

Potasse), je fixai mes yeux en les siens, comme cela (il fixe Potasse dans les yeux), et d'une voix tremblante d'émotion : « Madame, lui dis-je, je vous aime. Vous êtes un parfum, une perle, une fleur et un oiseau. »

POTASSE

Parfaitement. Et huit jours après tu la mettais dans ses meubles.

BOUBOUROCHE, blessé du terme et rectifiant :

Huit jours après, Adèle et moi associions nos deux existences, ce qui n'est pas la même chose.

POTASSE

Peuh !... Tu lui donnes de l'argent.

BOUBOUROCHE

Il ne manquerait plus que je lui en demande ! Je lui donne, en effet, trois cents francs par mois et je lui paye son loyer, mais enfin je ne l'entretiens pas. (Rires de Potasse.) On n'entretient pas une femme parce qu'on fait son devoir d'honnête homme en lui simplifiant, dans une certaine mesure, les complications de l'existence. (Nouveaux rires de Potasse.) — Mais mon cher, je l'entretiens si peu, que nous ne vivons pas ensemble ! Bien mieux !... Je n'ai même pas la clef de l'appartement !

POTASSE, étonné.

Pourquoi ?

BOUBOUROCHE

Parce qu'une honnête femme ne doit pas avoir d'amant, et qu'on n'est pas « amant » tant qu'on n'a pas la clef.

POTASSE, ahuri.

Qu'est-ce qu'on est, alors ?

BOUBOUROCHE, embarrassé.

Dame, on est... euh !... Mon Dieu !... je ne trouve pas le mot.

POTASSE

Je le trouve, moi. On est une poire.

BOUBOUROCHE

Eh ! tu m'assommes avec ta poire !... Adèle n'est pas une grisette ; c'est une femme très bien élevée ; elle a sa famille, ses relations ; elle tient à ne pas se compromettre, et je trouve ça fort légitime.

POTASSE

En résumé, une de ces femmes qui veulent bien faire comme les autres, à la condition que les autres n'en sachent rien ? — Je connais. Elles sont comme ça quelques milliers sur le pavé de la capitale.

BOUBOUROCHE

Où est l'utilité, pour une femme, de déshabiller sa conduite et de la mettre toute nue devant le monde ?

POTASSE, qui ne discute plus.

Tu as raison, je ne connais rien de plus oiseux que les théories sur la vie. (Se levant.) Tu es heureux ?

BOUBOUROCHE

Infiniment. Que me manquerait-il pour l'être ? Je suis un homme sans appétits ; je puis me lever à mon heure et me coucher quand ça me convient ; mes moyens me permettent de manger à ma faim, de me désaltérer à ma soif, de fumer à ma suffisance et de prêter cent sous, quand l'occasion s'en présente, à un camarade gêné. J'ai, en plus, la liaison bourgeoise  qui convenait à un homme comme moi : une petite compagne sensée et économe, que j'aime, qui me le rend bien, et dont la fidélité ne saurait faire question une seule minute. Alors quoi ? Oui, je suis heureux autant qu'il est possible à un homme de l'être ; et c'est ce qui me permet, vois-tu, vieux, d'être indulgent aux pauvres diables qui aiment mieux gagner que perdre au noble jeu de la manille et préfèrent mon tabac au leur, parce qu'il est meilleur marché.

Potasse, pendant cette tirade, est allé à la patère et y a décroché son chapeau, son paletot et son parapluie.

POTASSE

Bonne pâte !

BOUBOUROCHE

Te voilà parti ?

POTASSE

Oui.

BOUBOUROCHE

Encore un bock ?

POTASSE

Non. Trop tard. Je n'ai pas ta veine, Boubouroche. Il faut que je sois debout à huit heures du matin.

BOUBOUROCHE

Pauvre Potasse ! (Poignée de mains.) Eh bien, à demain ?

POTASSE

Oui.

Sortie de Potasse.

BOUBOUROCHE, seul, tirant sa montre.

Neuf heures dix... — Monterais-je un instant chez Adèle ?... Achevons d'abord ce distingué. La bière est bonne conseillère.

Il boit.

SCÈNE III

BOUBOUROCHE, UN VIEUX MONSIEUR

Sitôt la disparition de Potasse, le monsieur qui lisait le *Temps* à l'extrême gauche s'est levé sans bruit de sa place. Il a déposé sur la table les huit sous de sa consommation, et s'approchant, le chapeau à la main, de Boubouroche qui bourre une pipe :

LE MONSIEUR, avec une extrême politesse.

Je vous demande pardon, Monsieur ; vous êtes bien M. Boubouroche ?

LES MARIONNETTES DE LA VIE

BOUBOUROCHE, surpris.

Oui, Monsieur.

LE MONSIEUR

Ernest Boubouroche ?

BOUBOUROCHE

Ernest Boubouroche, parfaitement.

LE MONSIEUR

C'est bien vous qui avez pour maîtresse, boulevard Magenta, 111 bis, au quatrième sur la rue, une personne appelée Adèle ?

BOUBOUROCHE, surpris de plus en plus.

Mais...

LE MONSIEUR

Répondez franchement, oui ou non. Je vous dirai pourquoi après.

BOUBOUROCHE, vaguement inquiet.

Soit ! — Il est en effet exact que cette dame est... mon amie.

LE MONSIEUR

C'est tout ce que je voulais savoir. (Très aimable.) Eh bien, Monsieur, elle vous trompe.

BOUBOUROCHE, sursautant.

Elle me... — Asseyez-vous donc, Monsieur... Voulez-

vous prendre un distingué ? (Mimique discrète du monsieur.) Si fait! Si fait! (Au garçon) : Deux distingués, Amédée...
— Expliquez-vous, Monsieur, je vous prie.

> Boubouroche est fiévreux. Le monsieur, lui, très calme, a pris la chaise de Potasse.

LE MONSIEUR

Combien je suis fâché, Monsieur, d'avoir à vous gâter aussi complètement que je vais avoir l'honneur de le faire, les illusions où vous vous complaisez. La sympathie que vous m'inspirez me rend singulièrement pénible, la mission, — vile en apparence, — en réalité profondément charitable, philanthropique et fraternelle, dont j'ai fait dessein de m'acquitter. Mais quoi, je suis ainsi bâti! J'estime qu'on ne saurait sans crime sacrifier la dignité d'un honnête homme à la fourberie d'une petite farceuse qui lui carotte son argent, lui gâche en injustes querelles le peu de jeunesse qui lui reste et se fiche outrageusement de lui, — si j'ose parler un tel langage.

BOUBOUROCHE, anxieux.

Cette histoire ?

LE MONSIEUR

Cette histoire, qui est, hélas! celle de tant d'autres, est la vôtre, mon cher Monsieur. Vous êtes cocu. — A votre santé.

> Les deux hommes trinquent et boivent.

LE MONSIEUR, après avoir bu.

Elle est fraîche.

BOUBOUROCHE, très ému.

Monsieur, votre air respectable et la solennité de votre langage me font un devoir de penser que je ne me trouve pas en présence d'un vulgaire mystificateur. (Dénégation énergique du monsieur.) Vous venez de porter contre une femme qui m'est chère la plus grave des accusations ; il vous reste à la justifier.

LE MONSIEUR

Monsieur, nous ne vivons plus aux temps qu'a illustrés la Tour de Nesles, où les murs étouffaient les cris. Les siècles ont marché, les hommes ont produit. A cette heure, nous habitons des immeubles bâtis de plâtre et de papier mâché. L'écho des petits scandales d'au-dessous, d'au-dessus, d'à côté, en suinte à travers les murailles ni plus ni moins qu'à travers de simples gilets de flanelle. — Depuis huit ans, j'ai pour voisine de palier cette personne que, naïvement, vous ne craignez pas d'appeler votre « amie » ; depuis huit ans, invisible auditeur, je prends, à travers la cloison qui sépare nos deux logements, ma part de vos vicissitudes amoureuses ; depuis huit ans, je vous entends aller et venir, rire, causer, chanter le *Forgeron de la paix* avec cette belle fausseté de voix qui est l'indice des consciences calmes, cirer le parquet, remonter la pendule, et vous plaindre (non sans aigreur) de la cherté du poisson : car vous êtes homme de ménage et volontiers vous faites votre marché vous-même. — C'est exact ?

BOUBOUROCHE

Rigoureusement.

LE MONSIEUR

Depuis huit ans, je m'associe à vos joies et à vos misères, compatissant à celles-ci et applaudissant à celles-là, admirant votre humeur égale dans la bonne comme dans la mauvaise fortune et l'infinie grandeur d'âme qui vous porte à ne pas calotter votre « amie » chaque fois qu'elle l'a mérité. Eh bien, Monsieur... — Ici, je réclame de vous un redoublement d'attention... — de ces huit ans, pas un jour ne s'est écoulé qui n'ait été pour « votre amie » l'occasion d'une petite canaillerie nouvelle ; pas un soir, vous ne vous êtes couché qu'excellemment jobardé et cocufié comme il convient ; pas une fois, vous  ne franchîtes la porte du modeste logement payé de vos écus, où s'abritent vos plus chers espoirs, qu'un homme — vous entendez-bien ? — n'y fût caché.

BOUBOUROCHE, qui bondit.

Un homme !

LE MONSIEUR

Oui, un homme.

BOUBOUROCHE

Quel homme ?

LE MONSIEUR

Un homme dont j'entends la voix quand vous n'êtes pas arrivé, et les rires quand vous êtes parti.

Un temps. Puis :

LE MONSIEUR, qui sourit.

Ça vous coupe le manillon, hein ?

> Ahurissement de Boubouroche. Une minute il réfléchit ; mais tout à coup, avec ce geste ample du bras qui fait bonne et prompte justice :

BOUBOUROCHE

Ah, ouat !

LE MONSIEUR

Ah, ouat ?

BOUBOUROCHE

Oui, ah, ouat. Vous ne savez pas ce que vous dites et je connais Adèle mieux que vous. (Très affirmatif.) Elle est incapable de me trahir.

LE MONSIEUR

Voulez-vous me permettre de vous dire que c'est vous-même qui parlez sans savoir ? — Vous n'avez même pas la clef de l'appartement.

BOUBOUROCHE

Non, je n'ai pas la clef, mais qu'est-ce que ça prouve ? Je suis tombé plus de mille fois chez Adèle, à n'importe quelle heure du jour ; du diable si, au grand jamais, elle a mis plus de dix secondes à me venir ouvrir la porte ! Vous êtes une poire, mon cher ; voilà mon opinion. — Qu'Adèle ait ses côtés embêtants, je ne dis pas ; mais quant à être une honnête femme, ça ne fait pas l'ombre d'un doute.

LE MONSIEUR le sourire sur les lèvres.

C'est une petite gueuse.

Suffocation de Boubouroche, qui se contient, balbutie et finit par commander d'une voix retentissante : Deux distingués, Amédée !

AMÉDÉE

Boum !

BOUBOUROCHE, après un temps.

Me tromper !... Adèle !... Ah ! là là ! Je voudrais bien savoir pourquoi elle me tromperait... Pour de l'argent ? Elle se moque de l'argent comme de sa première chemise ; elle vivrait de pain et de lait, et elle paye des jarretières dix-neuf sous au Louvre. Pour le plaisir ? (Grande ironie.) La pauvre enfant !... Elle n'a pas plus de sens qu'un panier à bouteilles.

LE MONSIEUR, apitoyé et les yeux levés vers le ciel.

O homme !... enfant aveugle et quatorze fois sourd !... — Pas de sens ? Mais, mon cher Monsieur, c'est vous qui n'en avez pas ! Vous me faites l'effet de ces gens atteints du rhume de cerveau qui refusent tranquillement aux roses un parfum qu'ils ne perçoivent plus. Pas de sens ? Ecoutez, Monsieur, je sais bien que nous sommes entre hommes, mais il est de ces questions brûlantes que l'on ne saurait effleurer avec trop de délicatesse... Je vous disais, il y a une minute, que nous ne vivions plus au temps où les murs étouffaient les cris... Qu'il me soit permis de le redire ; et à bon entendeur, salut ! Au surplus, n'eût-elle pas, ainsi que vous l'affirmez, plus de sens qu'un panier à bouteilles, en eût-elle cent fois moins encore, elle vous tromperait cependant !

BOUBOUROCHE

Pourquoi donc ?

LE MONSIEUR

Parce que, « tromper », toute la femme, Monsieur, est là. Croyez-en un vieux philosophe qui sait les choses dont il parle et a fait la rude expérience des apophtegmes qu'il émet. Les hommes trahissent les femmes dans la proportion modeste d'un sur deux ; les femmes, elles, trahissent les hommes dans la proportion effroyable de 97 0/0 !... Parfaitement !... 97 !... Et ça, ce n'est pas une blague ; c'est prouvé par la statistique et ratifié par la plus élémentaire clairvoyance. Bref, que ce soit pour une raison, ou pour une autre, ou pour pas de raison du tout : à cette même minute où je vous parle, un intrus est sous votre toit ; il est assis en votre fauteuil familier, il chauffe les semelles de ses bottes au foyer habitué à rissoler les vôtres, et il sifflote entre ses dents l'air du *Forgeron de la Paix*, qu'il a appris de vous à la longue. Que vous n'en croyiez pas un mot, c'est votre droit. Pour moi, ma mission est remplie et je me retire le cœur léger, en homme qui a fait son devoir, sans faiblesse, sans haine et sans crainte. Si les hommes apportaient dans la vie cet esprit de solidarité que savent si bien y apporter les femmes et faisaient les uns pour les autres ce que je viens de faire pour vous, le nombre de cocus n'en serait pas amoindri : mais combien serait simplifiée, et c'est là que j'en voulais venir, la question, toujours compliquée et pénible, des ruptures dont le besoin s'impose. — Monsieur, à l'honneur de vous revoir. Je vous laisse les consommations.

Il salue et sort. — Longue rêverie de Boubouroche.

BOUBOUROCHE, abattant brusquement sur la table un coup de poing.

Nom d'un tonneau !...

AMÉDÉE, qui s'est mépris et qui accourt.

Monsieur désire ?

BOUBOUROCHE

Vous m'embêtez. Rien du tout. (A la réflexion.) Au fait, si ! Qu'est-ce que je vous dois ?

AMÉDÉE, son compte fait.

Neuf francs vingt.

BOUBOUROCHE, jetant dix francs sur la table.

Voilà. — Gardez.

AMÉDÉE, stupéfait

Merci, Monsieur Boubouroche. (Suivant de l'œil la sortie étrange de Boubouroche.) Qu'est-ce qu'il a donc ?

BOUBOUROCHE, au seuil du café.

Nom d'un tonneau !...

Il sort.

RIDEAU

ACTE DEUXIÈME

Un salon modeste. Au fond, un peu sur la droite, une porte à deux
 battants. A droite, une porte latérale ; à gauche, une croisée,
 distinguée à travers la mousseline du rideau qui la masque.
Au fond aussi, face au public, un énorme bahut de chêne.
A gauche, Adèle qui travaille, et, près d'elle, un guéridon supportant une corbeille à ouvrage et une lampe à vaste abat-jour.
A droite, assis sur une chaise longue, André en culotte et veston,
 astique, à l'aide d'une peau de daim, la trompe de sa bicyclette.

SCÈNE PREMIÈRE

ADÈLE, ANDRÉ

D'abord long silence. C'est le calme recueilli de l'intimité. Pas
 une parole. Grincements légers des ciseaux. Une minute
 s'écoule ainsi. Soudain, André chantonne entre ses dents, sans
 interrompre son petit travail, d'ailleurs :

C'est pour la paix que mon marteau travaille.
Loin des combats je vis en liberté ;
Je hais le feu, la poudre et la mitraille ;
Je ne forge le fer que pour l'humanité.

ADÈLE, d'un ton de reproche.

André !

ANDRÉ, rappelé à l'ordre.

Pardon.

Reprise de silence ; puis, coup de sonnette. André bondit
 sur ses pieds et, en un clin d'œil va se blottir dans le

bahut dont il ramène sur lui les battants : ceci, sans avoir dit un mot. Adèle, elle, est venue à la porte du fond, puis à une autre porte, qui est celle du palier, et que laisse voir l'encadrement de la première. — Elle ouvre.

UN MONSIEUR, sur le carré.

Mademoiselle Tambour?

ADÈLE

C'est au-dessus.

LE MONSIEUR

Merci.

Adèle redescend en scène et vient ouvrir à André.

ADÈLE

Quelqu'un qui se trompe.

C'est tout. Toujours sans ouvrir la bouche, André vient reprendre sur sa chaise longue sa position et son ouvrage, tandis qu'Adèle, près du guéridon, reprend sa chaise et ses ciseaux. — La scène redevient exactement ce qu'elle était au lever de la toile. — Nouveau silence suivi d'une nouvelle œillade exaspérée jetée par Adèle à André, qui s'est remis à fredonner le refrain du *Forgeron de la Paix*.

ANDRÉ, rappelé à l'ordre.

Pardon.

Il se tait. Nouveau temps, grincement de ciseaux dans des frou-frous d'étoffe, etc., etc. — Coup de sonnette.

ANDRÉ

Zut !

Recommencé de la scène déjà vue, nouvelle retraite précipitée d'André en son bahut, et nouvelle passade d'Adèle qui retourne ouvrir la porte du palier.

UN MONSIEUR, sur le carré.

Monsieur Trouille?

ADÈLE

C'est au-dessous.

LE MONSIEUR

Merci.

Rentrée en scène d'Adèle.

ADÈLE, écartant les panneaux du bahut.

Quelqu'un qui se trompe.

ANDRÉ, agacé.

Encore!... Ça va durer longtemps?

ADÈLE

Non, mais prends-t'en à moi, pendant que tu y es.

ANDRÉ, en scène.

Je ne m'en prends pas à toi.

ADÈLE

Si... Je dirai même que depuis quelque temps tu as une fâcheuse tendance à m'imputer des responsabilités dans lesquelles je n'ai rien à voir, et à me faire payer les erreurs des personnes qui se trompent d'étage.

ANDRÉ

Tu trouves?

ADÈLE

Oui, je trouve.

ANDRÉ

Eh bien, sache-le : cet état de choses ne m'est plus supportable. Ce buffet m'aigrit!

ADÈLE

D'abord, c'est un bahut.

ANDRÉ

C'est juste. Je te fais mes excuses.

ADÈLE

Et puis toi aussi, sache-le : tu es profondément injuste; et avec moi, qui fais des miracles, tu le sais bien, pour écourter autant que possible tes heures de captivité, et (montrant le bahut) avec lui, qui te donne une hospitalité... relativement confortable. En somme, quoi? Tu y as de la lumière, dans ce bahut; une chaise pour t'y asseoir, une table pour y lire. Qu'est-ce qu'il te faut de plus? une pièce d'eau? Ah! que voilà donc bien les exigences des hommes!

ANDRÉ

Et que voilà donc bien, surtout, les exagérations des femmes!... Il ne s'agit pas de pièce d'eau; il s'agit que mes parents ne m'ont pas donné la vie pour que je la passe dans un bahut. Sois sincère, voyons; est-ce vrai?... Autre chose : s'il est déplorable au point de vue de la commodité, ce meuble est excellent au point de vue de l'acoustique.

ADÈLE, intriguée.

Si bien?

ANDRÉ

Si bien que le silence de ma solitude y est de temps en temps troublé... par des échos fort importuns, dont je me priverais, je te prie de le croire, le plus facilement du monde. — Je t'aime, après tout.

ADÈLE, émue.

Pauvre chat !... (Un temps.) Le buffet de la salle à manger n'avait pas cet inconvénient.

ANDRÉ

Non, mais il en avait un autre : j'en sortais imprégné d'odeurs de nourriture qui se cramponnaient à ma personne avec une ténacité au-dessus de tout éloge. Au point que je ne pouvais plus mettre le pied dehors, sans me buter à des gens de connaissance qui me humaient comme un plat et finissaient par s'écrier : « C'est curieux, depuis quelque temps, comme vous sentez la poire cuite ! »

Adèle rit.

ANDRÉ, vexé.

Je sais que cela est fort plaisant. Seulement, je te le répète : je commence à avoir plein le dos de cette existence de lapin perpétuellement aux aguets et qui ne sort de son terrier que pour s'y reprécipiter à la première alerte. Ma dignité y reste... et ma confiance aussi.

ADÈLE

Ta confiance en qui?

ANDRÉ

En toi.

ADÈLE

Conclusion aussi flatteuse qu'inattendue.

ANDRÉ

Elle est logique. Raisonnons. Voilà huit ans que cette plaisanterie dure ; huit ans que tu bernes grossièrement...

ADÈLE

A ton profit, je te ferai observer.

ANDRÉ

... un brave garçon qui, après tout, ne t'avait pas prise de force. Et, à l'accomplissement de cette tâche, tu as déployé, chère enfant, une telle intelligence, que tu m'en vois épouvanté !...

ADÈLE

Tu vas peut-être me reprocher de sacrifier à notre amour cet imbécile de Boubouroche ?

ANDRÉ

Non, mais quand j'envisage les trésors de rouerie, d'audace tranquille, de sournoiserie ingénieuse, que tu as dû jeter par les fenêtres pour mener à bonne fin une mauvaise action, j'en arrive à me demander si je ne suis pas, moi aussi, le Boubouroche de quelqu'un, et si une femme assez adroite pour cacher un second amant à un premier en le logeant dans un bahut, n'en cache pas au second un troisième, en le fourrant dans un coffre à bois.

ADÈLE

André !

6.

ANDRÉ

Tu n'empêcheras jamais les gens qui aiment d'être jaloux.

ADÈLE

Tu n'as pas à être jaloux de moi.

ANDRÉ

Je ne t'accuse pas.

ADÈLE

Tu me soupçonnes.

ANDRÉ, très sincère.

A peine, ma parole d'honneur!

ADÈLE

C'est encore mille fois trop. Qu'ai-je fait? Où est mon crime? Je t'ai préféré à un autre. Après? Or, cet autre, je le connais; tu ne pèserais pas lourd dans ses doigts, et si j'ai eu assez d'adresse pour empêcher que tu y tombes, tu devrais t'en féliciter au lieu de marchander bêtement, comme tu le fais, les moyens dont j'ai dû me servir.

ANDRÉ

Je n'ai pas peur de lui, un homme en vaut un autre.

ADÈLE

Oui? Eh bien, qu'il nous pince!...

ANDRÉ

Il nous pincera.

ADÈLE

Jamais!

ANDRÉ

Tais-toi donc. Je te dis que nous serons pincés; c'est sûr. (Adèle hausse l'épaule.) Bon!... Tu verras. (Tirant sa montre.) Du reste, ce ne sera pas aujourd'hui. Neuf heures et demie dans un instant; Boubouroche ne viendra plus. — Nous nous couchons?

ADÈLE

Ce ne serait peut-être pas prudent. Attendons encore dix minutes.

ANDRÉ

Si tu veux.

>Il regagne sa chaise longue, Adèle reprend son ouvrage, et la scène, une fois de plus, retrouve son aspect primitif. Silence. — Violent coup de sonnette.

ANDRÉ

Cette fois, c'est lui!...

>Disparition dans le bahut. — Adèle va ouvrir.

SCÈNE II

ADÈLE, BOUBOUROCHE, ANDRÉ (caché).

Boubouroche entre comme un fou, descend en scène, se rend à la porte de droite, qu'il ouvre, plonge anxieusement ses regards dans l'obscurité de la pièce à laquelle elle donne accès; va, de là, à la fenêtre de gauche dont il écarte violemment les rideaux.

ADÈLE, qui l'a suivi des yeux avec une stupéfaction croissante.

Regarde-moi donc un peu.

>Boubouroche, les poings fermés, marche sur elle.

ADÈLE, qui, elle, vient sur lui avec une grande tranquillité.

En voilà une figure !... Que se passe-t-il ? Qu'est-ce qu'il y a ?

BOUBOUROCHE, d'une voix étranglée.

Il y a que tu me trompes.

ADÈLE

Je te trompe !... Comment je te trompe ?... Qu'est-ce que tu veux dire, par là ?

BOUBOUROCHE

Je veux dire que tu te moques de moi ; que tu es la dernière des coquines, et qu'il y a quelqu'un ici.

ADÈLE

Quelqu'un !

BOUBOUROCHE

Oui, quelqu'un !

ADÈLE

Qui ?

BOUBOUROCHE

Quelqu'un !
  Un temps.

ADÈLE, éclatant de rire.

Voilà du nouveau.

BOUBOUROCHE, la main haute.

Ah ! ne ris pas !... Et ne nies pas ! Tu y perdrais ton temps et ta peine : je sais tout !... C'est cela, hausse les épaules ; efforce-toi de me faire croire qu'on a mystifié ma bonne foi. (Geste large.) Le ciel m'est témoin que j'ai commencé par le croire et que je suis resté dix minutes les pieds sur le bord du trottoir, les yeux rivés à cette croisée, m'accusant d'être fou, me reprochant d'être ingrat !... J'allais m'en retourner, je te le jure, quand tout à coup, deux ombres — la tienne et une autre !... — ont passé en se poursuivant sur la tache éclairée de la fenêtre. A cette heure, tu n'as plus qu'à me livrer ton complice ; nous avons à causer tous deux de choses qui ne te regardent pas. Va donc me chercher cet homme, Adèle. C'est à cette condition seulement, que je te pardonnerai peut-être, car (très ému) ma tendresse pour toi, sans bornes, me rendrait capable de tout, même de perdre un jour le souvenir de l'inexprimable douleur sous laquelle sombre toute ma vie.

ADÈLE, dans une nausée.

Tu es bête !

BOUBOUROCHE

Je l'ai été. Oui, j'ai été huit ans ta dupe ; inexplicablement aveugle en présence de telles évidences qu'elles auraient dû me crever les yeux !... N'importe, ces temps sont finis ; la canaille peut triompher, une minute vient toujours, où le bon Dieu, qui est un brave homme, se met avec les honnêtes gens.

ADÈLE

Assez !

BOUBOUROCHE, abasourdi.

Tu m'imposes le silence, je crois ?

ADÈLE

Tu peux même en être certain !... (Hors d'elle.) En

voilà un énergumène, qui entre ici comme un boulet! pousse les portes! tire les rideaux! emplit la maison de ses cris! me traite comme la dernière des filles, va jusqu'à lever la main sur moi!...

BOUBOUROCHE

Adèle...

ADÈLE

... tout cela parce que, soi-disant, il aurait vu passer deux ombres sur la transparence d'un rideau! D'abord tu es ivre.

BOUBOUROCHE

Ce n'est pas vrai.

ADÈLE

Alors tu mens.

BOUBOUROCHE

Je ne mens pas.

ADÈLE

Donc, tu es gris ; c'est bien ce que je disais !... (Effarement ahuri de Boubouroche.) De deux choses l'une ; tu as vu double ou tu me cherches querelle.

BOUBOUROCHE, troublé et qui commence à perdre sa belle assurance.

Enfin, ma chère amie, voilà! Moi... on m'a raconté des choses.

ADÈLE, ironique.

Et tu les as tenues pour paroles d'Evangile ? Et l'idée ne t'est pas venue un seul instant d'en appeler à la vraisemblance ? aux huit années de liaison que nous avons derrière nous? (Silence embarrassé de Boubouroche.) C'est délicieux! En sorte que je suis à la merci du premier chien coiffé venu?... Un monsieur passera, qui dira : « Votre femme vous est infidèle », moi je paierai les pots cassés ; je tiendrai la queue de la poêle ?

BOUBOUROCHE

Mais...

ADÈLE

Détrompe-toi.

BOUBOUROCHE, à part.

J'ai fait une gaffe.

ADÈLE, pâle d'indignation.

Celle-là est trop forte, par exemple. (Tout en parlant, elle est revenue au guéridon et elle y a pris la lampe, qu'elle apporte à Boubouroche.) Voici de la lumière.

BOUBOUROCHE

Pourquoi faire ?

ADÈLE

Pour que tu ailles voir toi-même. Ne fais donc pas l'étonné.

BOUBOUROCHE, se dérobant.

Tu n'empêcheras jamais les gens qui aiment d'être jaloux.

ADÈLE

Tu l'as déjà dit.

BOUBOUROCHE

Moi ?... Quand ça ?

ADÈLE, à part.

Oh ! (Haut) Tu m'ennuies !!... Je te dis de prendre cette lampe... (Boubouroche prend la lampe)... et d'aller voir. Tu connais l'appartement, hein? Je n'ai pas besoin de t'accompagner?

BOUBOUROCHE, convaincu.

Ne sois donc pas méchante, Adèle. Est-ce que c'est ma faute à moi, si on m'a collé une blague? Pardonne-moi, et n'en parlons plus.

ADÈLE, moqueuse.

Tu sollicites mon pardon?... C'est bizarre!... Ce n'est donc plus à moi de mériter le tien par mon repentir et par ma bonne conduite?... (Changement de ton.) Va toujours, nous verrons plus tard. Comme, au fond, tu es plus naïf que méchant, il est possible — pas sûr, pourtant — que je perde — moi — un jour, le souvenir de l'odieuse injure que tu m'as faite. Mais j'exige... — tu entends? j'exige! que tu ne quittes cet appartement qu'après en avoir scruté, fouillé l'une après l'autre chaque pièce. — Il y a un homme ici, c'est vrai.

BOUBOUROCHE, goguenard.

Mais non.

ADÈLE

Ma parole d'honneur. (Indiquant de son doigt le bahut où est renfermé André.) Tiens, il est là-dedans! (Boubouroche rigole.) Viens donc voir.

BOUBOUROCHE, au comble de la joie.

Tu me prendrais pour une poire!...

ADÈLE

Voici la clé de la cave.

BOUBOUROCHE, les yeux au ciel.

La cave!...

ADÈLE

Tu me feras le plaisir d'y descendre...

BOUBOUROCHE

Tu es dure avec moi, tu sais.

ADÈLE

... et de regarder entre les tonneaux et les murs. Ah! je te fais des infidélités?... Ah! je cache des amants chez moi?... Eh bien, cherche, mon cher; et trouve!

BOUBOUROCHE

Allons! Je n'ai que ce que je mérite.

La lampe au poing, il va lentement, non sans se retourner de temps en temps pour diriger des regards suppliants vers Adèle, qui demeure impitoyable et muette, jusqu'à la petite porte de droite qu'il atteint enfin et qu'il pousse. — Coup d'air. La lampe s'éteint.

BOUBOUROCHE

Bon!

Mais à la seconde précise où l'ombre a envahi le théâtre, la lumière de la bougie qui éclaire la cachette d'André est apparue, très visible.

ADÈLE, étouffant un cri.

Ah!

BOUBOUROCHE, à tâtons.

Voilà une autre histoire. — Tu as des allumettes, Adèle? (Brusquement.) Tiens!... Qu'est-ce que c'est que ça?... De la lumière! (Précipitamment, il dépose sa lampe, court au bahut, l'ouvre tout grand et recule en poussant un cri terrible.)

SCÈNE III

ADÈLE, BOUBOUROCHE, ANDRÉ

Découvert, André ne s'émeut point. Il sort de son bahut, emportant sa bougie qu'il dépose sur le guéridon. — Lumière à la

rampe. — Ceci fait, il va à Adèle, et souriant, avec le geste content de soi, d'un monsieur à qui l'événement a fini par donner raison :

ANDRÉ

C'était sûr, je l'avais prédit (Philosophe.) **Enfin !**... Un peu plus tôt ou un peu plus tard ! (Il tire de sa poche sa carte et la présente à Boubouroche.) Je me tiens à vos ordres, **Monsieur**.

Mais Boubouroche, idiotisé, regarde sans le voir.

ANDRÉ

C'est ma carte. Veuillez me faire l'honneur de la prendre.

BOUBOUROCHE, qui replie la carte et la jette au fond de sa poche.

C'est bien. Je vous ferai savoir mes intentions. Allez-vous-en.

ANDRÉ

Excusez-moi. Je serais naturellement bien aise de savoir ce que vous comptez faire. Oh! je ne vous interroge pas !... Une telle familiarité ne serait sans doute pas de saison ! Cependant.. en un mot, Monsieur, je ne suis pas sans inquiétude. Vous êtes violent, et e ne sais jusqu'à quel point j'ai le droit de vous laisser seul avec une femme... qui... que...

BOUBOUROCHE, formidable.

Vous, vous allez commencer par vous taire. Un mot encore. — Je dis : « un ! un ! un seul ! » C'est clair, n'est-ce pas ? un seul mot ! — ... je vous empoigne par le fond de la culotte, et je vous envoie par cette croisée, voir les poules !...

ANDRÉ, très calme.

Permettez.

BOUBOUROCHE

Silence !... Taisez-vous !... — Si, un instant, vous pouviez deviner ce qui se passe en moi à cette heure ; si vous pouviez supposer à quelle force de volonté je me retiens et je me cramponne, ah ! je vous le certifie, je vous le jure, vous verdiriez ! à la pensée de seulement entr'ouvrir la bouche !... — Oui, vous seriez terriblement imprudent de vous obstiner à parler après que je vous en ai fait la défense, et c'est un bonheur pour nous deux, un grand bonheur, que je me connaisse !... Allez-vous-en, voilà tout ce que j'ai à vous dire. Je suis un homme très malheureux et dont il ne faut pas exaspérer le chagrin. Allez-vous-en ! Allez-vous-en ! Allez-vous-en !

ANDRÉ, très chic.

Monsieur, il arrivera ce qui arrivera. Je n'ai nullement, croyez-le bien, l'intention de vous provoquer, mais je quitterai cette maison quand j'aurai reçu de vous l'assurance que vous ne toucherez pas à un seul cheveu de la personne qui est là. Je vous en demande votre parole d'honneur, et c'est le moindre de mes devoirs. Vous êtes extraordinaire, vous me permettrez de vous le dire, avec vos airs de mettre à la porte d'une maison qui n'est pas la vôtre ; et si je veux bien me rendre à vos ordres, eu égard à votre état d'exaltation, vous ne sauriez moins faire, convenez-en, que de céder à ma prière.

BOUBOUROCHE, le sang à la tête.

Je vais faire un malheur !

ANDRÉ, très simple.

Faites-le.

Les deux hommes se regardent dans les yeux. Lutte intérieure de Boubouroche, qui finit par se dominer.

BOUBOUROCHE, d'une voix sourde.

Partez.

ANDRÉ

J'ai votre parole ?

BOUBOUROCHE, du même ton.

Oui.

ANDRÉ

J'en prends acte.

Long jeu de scène.

André revient à son bahut prendre ce qui lui appartient : ses livres, ses journaux, sa trompe et sa peau de daim.

Une boîte d'allumettes se trouve là. Scrupuleux, il la restitue à sa légitime propriétaire, laquelle le regarde faire sans un mot, tandis qu'il dépose la boîte sur la petite table à ouvrage en murmurant : « Les allumettes ». Retourné à son armoire, il prend son peigne, dont il se peigne, puis sa brosse, dont il se brosse ; plante le peigne dans les crins de la brosse, se loge la brosse sous le coude gauche ; après quoi, saluant Boubouroche et Adèle avec le plus grand respect :

ANDRÉ

Madame... Monsieur.

Il sort.

BOUBOUROCHE, à Adèle.

Qui est cet homme ?

ADÈLE

Est-ce que je sais, moi !

SCÈNE IV

BOUBOUROCHE, ADÈLE

BOUBOUROCHE, étourdi au brusque révélé de tant de fausseté et de perfidie.

Scélérate !... Tu vas mourir !

Il bondit sur elle ; de ses deux mains, il lui emprisonne le cou.

ADÈLE, terrifiée.

Ah !

Boubouroche l'a renversée sur la chaise longue, le meurtre va s'accomplir. Mais au moment de serrer les doigts, le pauvre homme manque de courage. Il se redresse, il prend ses tempes dans ses mains, finit par éclater en larmes, et, tombé aux genoux de sa maîtresse, il sanglote, la tête dans ses jupes.

BOUBOUROCHE

Je ne peux pas, mon Dieu!... Je ne peux pas!... Mais quelles fibres me lient donc à toi, que toutes mes énergies d'homme ne puissent suffire à les briser; que ma soif de vengeance désarme devant la peur de te faire du mal et que je ne trouve que des pleurs où je ne devrais trouver que des colères?... Voyons (Il lui prend les mains.) pourquoi as-tu fait ça?... Je sais bien que je ne suis ni bien beau ni bien riche, mais j'avais tant fait, tant fait, pour faire oublier ces petits torts!... Tu étais dans mon cœur comme dans un nid!... J'étais dans tes petites mains un jouet! Tu avais l'air d'être contente... Alors quoi? Car je ne comprends plus. Pourquoi? Parle! Pourquoi? Pourquoi?

ADÈLE, qui s'est peu à peu rassurée et dont le visage n'exprime plus à cette heure que le plus profond étonnement.

Ah ça! c'est sérieux?

BOUBOUROCHE

Sérieux!...

ADÈLE

C'est qu'en vérité tu me fais peur! Je me demande si tu deviens fou. Qu'est-ce qui te prend? Qu'est-ce que je t'ai fait?

BOUBOUROCHE

Eh! ne le savons-nous pas que trop?... Tu m'as trompé!

ADÈLE, hochant de droite à gauche la tête.

Pas du tout.

BOUBOUROCHE

Tu ne m'as pas trompé?

ADÈLE, simplement.

Jamais.

BOUBOUROCHE

Mais cet homme, misérable menteuse! Cet homme?

ADÈLE

Je ne puis te répondre.

BOUBOUROCHE

Pourquoi donc?

ADÈLE

Parce que c'est un secret de famille et que je ne puis pas le révéler.

BOUBOUROCHE suffoqué.

Ça, par exemple!...

ADÈLE, résignée.

Tu ne me crois pas? Tu as raison. J'en ferais autant à ta place. — Adieu !

BOUBOUROCHE

Où vas-tu ?

ADÈLE

Nulle part. Il faut nous quitter ; voilà tout.

BOUBOUROCHE

Tu n'espères cependant pas que sur la foi d'une simple assurance...

ADÈLE

Je ne l'espère pas, en effet, — encore que je pourrais te trouver d'un scepticisme un peu outré à l'égard d'une femme qui a été huit ans la compagne de ton existence et ne croit pas avoir jamais rien fait qui puisse te donner le droit de suspecter sa parole. Ça ne fait rien ; les apparences sont contre moi et je ne saurais t'en vouloir de la faiblesse d'âme qui te pousse à t'en remettre à elles en aveugle. Si tu ne l'avais, tu ne serais pas homme.

BOUBOUROCHE

C'est possible, mais moi je dis une chose ; c'est que cacher un homme chez soi n'est pas le fait d'une honnête femme.

ADÈLE

Si je n'étais une honnête femme, je ne ferais pas ce que je suis en train de faire : je ne sacrifierais pas ma vie au respect de la parole donnée, à un secret d'où dépend, seulement, l'honneur d'une autre !!! — Inutile de discuter ; nous ne nous entendrons jamais ; — ce sont là de ces sentiments féminins que les hommes ne peuvent pas comprendre. Séparons-nous ; nous n'avons plus que cela à faire. (Sa voix se mouille.) Je ne te demande pas de m'embrasser, mais je voudrais que tu me donnes la main. (Boubouroche lui donne la main.) Sois heureux, voilà tout le mal que je te souhaite ; pardonne-moi celui que j'ai pu te faire, car je ne l'ai jamais fait exprès.

BOUBOUROCHE, que commence à gagner l'émotion.

Oh ! je sais bien. Tu n'es ni vicieuse, ni méchante.

ADÈLE, dont la voix se trempe de plus en plus.

Nous aurons goûté de grandes joies! Laisse-moi croire que tu n'en perdras pas tout souvenir en franchissant le seuil de cette porte, et que quelquefois, plus tard, quand tout ce qui est le présent sera devenu un lointain passé, tu te rappelleras avec un peu d'attendrissement la vieille amie que tu auras laissée seule, et la petite maison que tu auras laissée vide... (Eclatant en sanglots.) Ah! elle peut s'en vanter la vie;... quand elle se met à être lâche, elle l'est bien!

BOUBOUROCHE, les larmes aux yeux.

Adèle...

ADÈLE

Ne pleure pas, je t'en prie. Je n'ai déjà pas trop de courage! Car enfin, je ne me faisais pas d'illusions et je savais bien que notre liaison ne pouvait pas être éternelle, mais je croyais pouvoir compter encore sur quelques années de bonheur.

BOUBOUROCHE

Jure de ne plus recommencer, au moins. Je t'ai dit que ma tendresse pour toi pouvait aller jusqu'au pardon.

ADÈLE

Je sais à quel point tu es bon et je te sais gré de ton indulgence; mais je n'ai pas à accepter le pardon d'une faute que je n'ai pas commise. — Et puis, à quoi bon? Pourquoi faire? Tu ne peux plus avoir pour moi qu'une affection sans confiance, et dans ces conditions j'aime mieux y renoncer. Je tiens à ton amour, mais plus encore à ton estime : le ver est dans le fruit, jetons-le.

BOUBOUROCHE

Je ne peux pas te quitter. C'est plus fort que moi.

ADÈLE

Il le faut cependant. (Energique.) Allons !... (Boubouroche pleure.) Grand bébé !... (Elle a tiré son mouchoir de sa poche et elle lui essuie les yeux.)... Voilà, maintenant, qu'il faut que ce soit moi qui le console !... Sois homme !... C'est le deuil éternel de la vie, ça !

BOUBOUROCHE, qui larmoie.

Je veux rester.

ADÈLE

C'est impossible.

BOUBOUROCHE

Je t'aime trop... Je ne peux pas me passer de toi.

ADÈLE

Ce sont des choses que l'on dit. — Et si j'étais venue à mourir ?

BOUBOUROCHE, éclatant en sanglots.

Oh ! alors...

ADÈLE

Tenons-nous-en là. Les forces me manqueraient, à la fin. Pour la dernière fois, adieu !

BOUBOUROCHE

Ce n'est pas la peine, je ne m'en irai pas.

ADÈLE

Tu n'es pas raisonnable.

BOUBOUROCHE

Je m'en fiche.

ADÈLE, résignée.

C'est bien. Reste.

> Adèle remonte vers la gauche du théâtre, vient à la fenêtre, en soulève le rideau et regarde ce qui se passe dans la rue.
>
> Un temps.
>
> Boubouroche continue à pleurer, la figure dans le mouchoir. Enfin :

ADÈLE, qui s'est retournée vers lui.

Alors, tu me pardonnes ?

> Boubouroche, de la tête, dit : « Oui ».

ADÈLE

Réponds mieux que ça. Tu me pardonnes ?

BOUBOUROCHE, d'une voix étranglée.

Oui.

ADÈLE

Tu me pardonnes de tout ton cœur ?

BOUBOUROCHE

Je te pardonne de tout mon cœur.

ADÈLE

Et tu ne reparleras jamais de cette abominable soirée ?

BOUBOUROCHE

Jamais.

ADÈLE

Tu me le jures?

BOUBOUROCHE

Je te le jure.

ADÈLE

Bon. — Eh bien, je ne t'ai pas trompé. Tu me croiras peut-être, à présent que je n'ai plus d'intérêt à mentir. (S'emparant de ses deux mains.) Regarde-moi dans les yeux. Ai-je l'air, oui ou non, d'une femme qui dit la vérité? Ah! le nigaud, qui gâche sa vie pour le seul plaisir de le faire et ne songe pas à se dire : « C'est trop bête! Voilà huit ans que cette maison est la mienne, et que cette femme vit au grand jour! » Franchement, quand as-tu eu à te plaindre de moi?... N'ai-je pas été pour toi la plus douce des maîtresses? la plus patiente et... — il faut bien le dire — ... la plus désintéressée?

BOUBOUROCHE

Si.

ADÈLE

Et un tel passé s'écroulerait? et des heures vécues en commun, et des caresses échangées, et de tout ce qui fut notre amour, rien ne subsisterait en ta mémoire, parce qu'une fatalité imbécile te fait trouver (méprisante) dans un bahut, un homme... que tu ne connais même pas?... — Un doute reste en ton esprit!

BOUBOUROCHE

Non.

ADÈLE

Ne dis pas « non », je le sens. Eh bien, je ne veux plus de toi à moi la plus petite équivoque, la moindre arrière-pensée. Je sais de quel prix je puis payer ta tranquillité définitive : c'est cher, mais je suis disposée à tout, même à te livrer, si tu l'exiges, un secret qui n'est pas le mien. Dois-je commettre cette infamie? Un mot, c'est fait.

BOUBOUROCHE

Pour qui me prends-tu? Je suis un honnête homme. Les affaires des autres ne me regardent pas.

ADÈLE

Embrasse-moi. Je pourrais te faire des reproches, mais tu as eu assez de chagrin comme ça. Seulement, conviens que tu as été absurde.

> Elle offre sa joue au baiser de la réconciliation. A ce moment.

BOUBOUROCHE, d'une voix de tonnerre.

Ah! Chameau!!!

ADÈLE, terrifiée.

Moi?

BOUBOUROCHE, tendrement ému.

T'es bête, mon chat!... (Il l'embrasse.) Un instant.

> Il se lève, va prendre son chapeau, s'en coiffe et se dirige vers le fond.

ADÈLE, étonnée.

Qu'est-ce que tu fais?

BOUBOUROCHE

Un compte à régler. Ne t'inquiète pas. Je ne fais qu'aller et revenir.

> Il sort, laissant ouverte la porte qui donne accès sur le vestibule, en sorte qu'on le voit ouvrir la porte de l'escalier. A cet instant, passe, regagnant son domicile, le vieux monsieur du premier acte.

BOUBOUROCHE

Ça tombe bien; j'allais chez vous.
<small>Il dit, l'empoigne à la cravate et l'amène rudement en scène.</small>

LE MONSIEUR, ahuri.

Hein? Quoi? Qu'est-ce qu'il y a?

BOUBOUROCHE

Et si je vous cassais la figure, maintenant?... Si je vous la cassais, la figure?

LE MONSIEUR

Voulez-vous me lâcher!

BOUBOUROCHE

Ah! Adèle est une petite gueuse! Ah! Adèle est une petite gueuse! — Vous êtes un vieux daim et une poire.

Colletage, tumulte, rideau.

Grand Guignol : 13 Avril 1897.

Monsieur Badin

PERSONNAGES :

LE DIRECTEUR.   MONSIEUR BADIN.   OVIDE.

Le cabinet du directeur. Celui-ci, installé à sa table, donne des signatures qu'il éponge aussitôt.
Brusquement, il s'interrompt, allonge la main vers un cordon de sonnette.
Sonnerie à la cantonade.
La porte s'ouvre. Le garçon de bureau apparaît.

LE DIRECTEUR

C'est vous, Ovide ?

OVIDE

Oui, Monsieur le Directeur.

LE DIRECTEUR

Est-ce que M. Badin est venu ?

OVIDE

Oui, Monsieur le Directeur.

LE DIRECTEUR, stupéfait.

M. Badin est là ?

OVIDE

Parfaitement.

LE DIRECTEUR

Réfléchissez bien à ce que vous dites. Je vous demande si M. Badin, l'expéditionnaire du troisième bureau, est à son poste, oui ou non.

OVIDE

Monsieur le Directeur, il y est !

LE DIRECTEUR, soupçonneux.

Ovide, vous avez bu.

OVIDE, désespéré.

Moi !...

LE DIRECTEUR

Allons ! avouez la vérité ; je ne vous dirai rien pour cette fois.

OVIDE, des larmes dans la voix.

Monsieur le Directeur, je vous jure !... J'ai bu qu'un verre de coco.

LE DIRECTEUR, à lui-même.

La présence de M. Badin au ministère constitue un tel phénomène, une telle anomalie !... Enfin, nous llons bien voir. — Allez me chercher M. Badin.

OVIDE

Bien, Monsieur le Directeur.

<small>Il sort. Le directeur s'est remis à la besogne. Long silence. Enfin, à la porte, trois petits coups.</small>

LE DIRECTEUR

Entrez !

<small>Apparition de M. Badin.</small>

M. BADIN, saluant jusqu'à terre.

Monsieur le Directeur...

LE DIRECTEUR, toujours plongé dans ses signatures.

Bonjour, Monsieur Badin. Entrez donc, Monsieur Badin, et prenez un siège, je vous prie.

M. BADIN

Je suis confus...

LE DIRECTEUR

Du tout, du tout. — Dites-moi, Monsieur Badin, voilà près de quinze jours que vous n'avez mis le pied à l'administration.

M. BADIN, humble.

Ne m'en parlez pas !...

LE DIRECTEUR

Permettez ! C'est justement pour vous en parler, que je vous ai fait prier de passer à mon cabinet. — Voilà, dis-je, près de quinze jours que vous n'avez mis le pied à l'administration. Tenu au courant de votre absence par votre chef de bureau, et inquiet pour votre santé, j'ai envoyé six fois le médecin du ministère prendre chez vous de vos nouvelles. On lui a répondu six fois que vous étiez à la brasserie.

M. BADIN

Monsieur, on lui a menti. Mon concierge est un imposteur que je ferai mettre à la porte par le propriétaire.

LE DIRECTEUR

Fort bien, Monsieur Badin, fort bien; ne vous excitez pas ainsi.

M. BADIN

Monsieur, je vais vous expliquer. J'ai été retenu chez moi par des affaires de famille. J'ai perdu mon beau-frère...

LE DIRECTEUR

Encore !

M. BADIN

Monsieur...

LE DIRECTEUR

Ah ça ! Monsieur Badin, est-ce que vous vous fichez de moi ?

M. BADIN

Moi !...

LE DIRECTEUR

A cette heure, vous avez perdu votre beau-frère, comme déjà, il y a trois semaines, vous aviez perdu votre tante, comme vous aviez perdu votre oncle le mois dernier, votre père à la Trinité, votre mère à Pâques!... Sans préjudice, naturellement, de tous les cousins, cousines, et autres parents éloignés que vous n'avez cessé de mettre en terre à raison d'un au moins la semaine! Quel massacre! non, mais quel massacre! A-t-on idée d'une boucherie pareille?... Et je ne parle ici, notez bien, ni de la petite sœur qui

se marie deux fois l'an, ni de la grande qui accouche tous les trois mois. Eh bien! Monsieur, en voilà assez. Que vous vous moquiez du monde, soit! Mais il y a des limites à tout, et si vous supposez que l'administration vous donne deux mille quatre cents francs pour que vous passiez votre vie à marier les uns, à enterrer les autres, ou à tenir sur les fonts baptismaux, vous vous mettez le doigt dans l'œil!

M. BADIN

Monsieur le Directeur...

LE DIRECTEUR

Taisez-vous ! Vous parlerez quand j'aurai fini ! — Vous êtes ici trois employés attachés à l'expédition : vous, M. Soupe et M. Fairbatu. M. Soupe en est aujourd'hui à sa trente-septième année de service, et il n'y a plus à attendre de lui que les preuves de sa vaine bonne volonté. Quant à M. Fairbatu, c'est bien simple : il place des huiles en province !... Alors, quoi ? Car voilà pourtant où nous en sommes, et il est inouï de penser, que, sur trois expéditionnaires, l'un soit gâteux, le second voyageur de commerce et le troisième à l'enterrement depuis le jour de l'an jusqu'à la saint Sylvestre !... Et naïvement vous vous êtes fait à l'idée que les choses pouvaient continuer de ce train ?... Non, Monsieur Badin ; cent fois non ! J'en suis las, moi, des enterrements, et des mariages, et des baptêmes !... Désormais, c'est de deux choses l'une : la présence ou la démission ! Choisissez ! Si c'est la démission, je l'accepte ! Je l'accepte à l'instant même. Est-ce clair ? Si c'est le contraire, vous me ferez le plaisir d'être ici chaque jour sur le coup de midi, et ceci à partir de demain. Est-ce clair ? J'ajoute que le jour où la fatalité, cette fatalité odieuse qui vous poursuit, semble se faire un jeu de vous persécuter, viendra vous frapper de nouveau dans vos affections de famille, je vous balancerai, moi ! Est-ce clair ?

M. BADIN

Ah ! vous me faites bien de la peine, Monsieur le Directeur ! A la façon dont vous me parlez, je vois bien que vous n'êtes pas content.

LE DIRECTEUR

Allons donc! Mais vous vous trompez; je suis fort satisfait, au contraire!

M. BADIN

Vous raillez.

LE DIRECTEUR

Moi!... Monsieur Badin?... que j'eusse une âme si traîtresse!... qu'un si lâche dessein...

M. BADIN

Si, Monsieur; vous raillez. Vous êtes comme tous ces imbéciles qui trouvent plaisant de me taper sur le ventre et de m'appeler employé pour rire. Pour rire!... Dieu vous garde, Monsieur, de vivre jamais un quart d'heure de ma vie d'employé pour rire!

LE DIRECTEUR, étonné.

Pourquoi cela?

M. BADIN

Écoutez, Monsieur. Avez-vous jamais réfléchi au sort du pauvre fonctionnaire qui, systématiquement, opiniâtrement, ne veut pas aller au bureau, et que la peur d'être mis à la porte hante, poursuit, torture, martyrise d'un bout de la journée à l'autre?

LE DIRECTEUR

Ma foi, non.

M. BADIN

Eh bien! Monsieur, c'est une chose épouvantable, et c'est là ma vie, cependant. Tous les matins, je me raisonne, je me dis : « Va au bureau, Badin; voilà plus de huit jours que tu n'y es allé! » Je m'habille, alors, et je pars; je me dirige vers le bureau. Mais, ouitche! j'entre à la brasserie; je prends un bock... deux bocks... trois bocks! Je regarde marcher l'horloge, pensant : « Quand elle marquera l'heure, je me rendrai à mon ministère. » Malheureusement, quand elle a marqué l'heure, j'attends qu'elle marque le quart; quand elle a marqué le quart, j'attends qu'elle marque la demie;...

LE DIRECTEUR

Quand elle a marqué la demie, vous vous donnez le quart d'heure de grâce...

M. BADIN

Parfaitement! Après quoi, je me dis : « Il est trop tard. J'aurais l'air de me moquer du monde. Ce sera pour une autre fois! » Quelle existence! Quelle existence! Moi qui avais un si bon estomac, un si bon sommeil, une si belle gaîté, je ne prends plus plaisir à rien; tout ce que je mange me semble amer comme du fiel! Si je sors, je longe les murs comme un voleur, l'œil aux aguets, avec la peur incessante de rencontrer un de mes chefs! Si je rentre, c'est avec l'idée que je vais trouver chez le concierge mon arrêté de révocation! Je vis sous la crainte du renvoi comme un patient sous le couperet!... Ah! Dieu!...

LE DIRECTEUR

Une question, Monsieur Badin. Est-ce que vous parlez sérieusement?

M. BADIN

J'ai bien le cœur à la plaisanterie!... Mais réfléchissez donc, Monsieur le Directeur. Les deux cents francs qu'on me donne ici, je n'ai que cela pour vivre, moi! Que deviendrai-je, le jour inévitable, hélas! où on ne me les donnera plus? Car, enfin, je ne me fais aucune illusion : j'ai trente-cinq ans, âge terrible où le malheureux qui a laissé échapper son pain doit renoncer à l'espoir de le retrouver jamais!... Oui, ah! ce n'est pas gai, tout cela! Aussi, je me fais un sang!... — Monsieur, j'ai maigri de vingt livres, depuis *que je ne suis jamais* au ministère! (Il relève son pantalon.) Regardez plutôt mes mollets, si on ne dirait 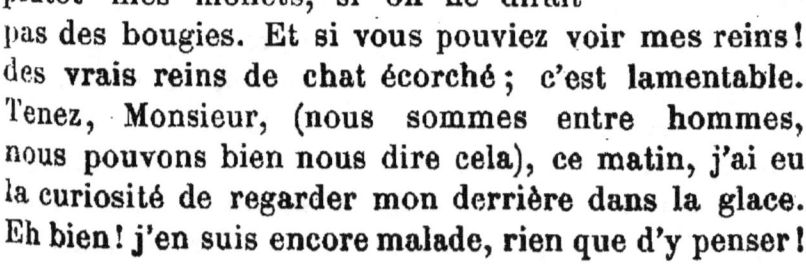 pas des bougies. Et si vous pouviez voir mes reins! des vrais reins de chat écorché; c'est lamentable. Tenez, Monsieur, (nous sommes entre hommes, nous pouvons bien nous dire cela), ce matin, j'ai eu la curiosité de regarder mon derrière dans la glace. Eh bien! j'en suis encore malade, rien que d'y penser!

Quel spectacle ! Un pauvre petit derrière de rien du tout, gros à peine comme les deux poings !... Je n'ai plus de fesses ; elles ont fondu ! Le chagrin, naturellement ; les angoisses continuelles, les affres !... Avec ça, je tousse la nuit, j'ai des transpirations ; je me lève des cinq et six fois pour aller boire au pot-à-eau !... (Hochant la tête.) Ah ! ça finira mal, tout cela ; ça me jouera un mauvais tour.

LE DIRECTEUR, ému.

Eh bien ! mais, venez au bureau, Monsieur Badin.

M. BADIN

Impossible, Monsieur le Directeur.

LE DIRECTEUR

Pourquoi ?

M. BADIN

Je ne peux pas... Ça m'embête.

LE DIRECTEUR

Si tous vos collègues tenaient ce langage...

M. BADIN, un peu sec.

Je vous ferai remarquer, Monsieur le Directeur, avec tout le respect que je vous dois, qu'il n'y a pas de comparaison à établir entre moi et mes collègues. Mes collègues ne donnent au bureau que leur zèle, leur activité, leur intelligence et leur temps : moi, c'est ma vie que je lui sacrifie! (Désespéré.) Ah! tenez, Monsieur, ce n'est plus tenable!

LE DIRECTEUR, se levant.

C'est assez mon avis.

M. BADIN, se levant également.

N'est-ce pas?

LE DIRECTEUR

Absolument. Remettez-moi votre démission; je la transmettrai au Ministre.

M. BADIN, étonné.

Ma démission? Mais, Monsieur, je ne songe pas à démissionner; je demande seulement une augmentation.

LE DIRECTEUR

Comment, une augmentation!

M. BADIN, sur le seuil de la porte.

Dame, Monsieur, il faut être juste. Je ne peux pourtant pas me tuer pour deux cents francs par mois.

RIDEAU

Bodinière : 20 Décembre 1894.

La peur des coups

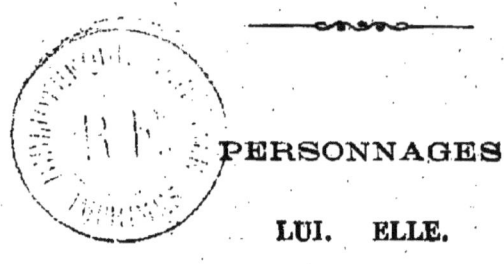

PERSONNAGES

LUI.   ELLE.

Une chambre à coucher sans grand luxe. Un lit de milieu, qui s'avance face au public. Près du lit, un petit chiffonnier. A gauche, une cheminée surmontée d'une glace et supportant une lampe qui brûle à ras de bec. Au milieu, un guéridon, avec buvard et écritoire. Chaises et fauteuils. — Il est sept heures du matin. L'aube naissante blêmit mélancoliquement dans les à-jour des persiennes closes. — Entrent par la droite, l'un suivant l'autre :

ELLE, enveloppée jusqu'aux chevilles d'une sicilienne lilas doublée en chèvre du Thibet. Nouée avec soin sous son menton, une capuche de Malines emprisonne son jeune visage, confisquant son front et ses cheveux ;

LUI, enfermé dans sa pelisse comme un burgrave dans son serment. Un chapeau à bords plats le coiffe. Il tient une allumette bougie dont le courant d'air de la porte écrase la flamme, puis l'éteint.

LUI

Flûte !

ELLE

Ne te gêne pas pour moi. Ça me contrarierait.

LUI, qui depuis une demi-heure attendait le moment d'éclater.

Toi, tu vas nous fiche la paix.

ELLE

Qu'est-ce qu'il y a encore ?

LUI

Tu m'embêtes.

ELLE

On t'a vendu des pois qui ne voulaient pas cuire ?

LUI

C'est bien. En voilà assez. Je te prie de me fiche la paix.

Un temps.

ELLE, à part.

Retour de bal. La petite scène obligée de chaque fois. Ah ! Dieu !

Lui enflamme une allumette, va à la lampe dont il soulève le verre. Puis :

LUI, à mi-voix.

Ce n'est pas la peine. Il fait jour.

ELLE, qui enlève sa mantille et sa pelisse et qui s'étonne de le voir rouler une cigarette.

Eh bien, tu ne te couches pas ?

LUI

Non.

ELLE

Pourquoi ?

LUI

Si on te le demande, tu diras que tu n'en sais rien.

ELLE

Comme tu voudras. (A part.) Prends garde que je commence. Prends bien garde.

> Lui va et vient par la pièce, les mains aux reins, ruminant de sombres pensées. Des grondements rôdent dans le silence. Rencontre avec une chaise. Il l'empoigne, vient la planter à l'avant-scène et l'enfourche, toujours sans un mot. Enfin :

LUI, qui se décide à mettre le feu aux poudres.

Eh, bien, tu es satisfaite.

ELLE

A propos de quoi?

LUI

Dame, tu serais difficile... Tu t'es assez...

ELLE

N'use pas ta salive, je sais ce que tu vas me dire. (Très simple.) Je me suis fait peloter.

LUI

Oui, tu t'es fait peloter!

ELLE, assise près du lit et commençant à se dévêtir.

Là! — Oh! je connais l'ordre et la marche. Dans un instant je me serai conduite comme une fille; dans deux minutes tu m'appelleras sale bête; dans cinq tu casseras quelque chose. C'est réglé comme un protocole. — Et pendant que j'y pense... (Elle va à la cheminée; y prend une poterie ébréchée qu'elle dépose sur un guéridon, à la portée du bras de Monsieur.)... Je te recommande ce petit vase. Tu l'as entamé il y a six semaines en revenant de la soirée de l'Instruction Publique, mais il est encore bon pour faire des castagnettes.

Monsieur, furieux, envoie l'objet à la volée à l'autre extrémité de la pièce.

ELLE

Tu commences par la fin? Tant mieux. Ça modifiera un peu la monotonie du programme.

LUI, se levant comme mu par un ressort.

Ah! assez! Ne m'exaspère pas! (Un temps.) T'es-tu assez compromise!...

ELLE, à part.

Sale bête, vous allez voir.

LUI, les dents serrées.

Sale bête!

ELLE, à part.

Ça y est.

LUI

Tu t'es conduite...

ELLE

Comme une fille.

LUI

Parfaitement. Ose un peu dire que ce n'est pas vrai? Ose-le donc un peu pour voir?... Il n'y a pas de danger, parbleu! Tu t'es couverte d'opprobres.

ELLE

Oui.

LUI

Tu as traîné dans le ridicule le nom honorable que je porte.

ELLE

Navrante histoire! A ta place, j'en ferais une complainte.

LUI

Tu t'es compromise de la façon la plus révoltante!

ELLE

Oui, je te dis !

Elle va se poster devant la cheminée, et là, d'une main qui prend des précautions, elle cueille une large rose épanouie en la nuit de ses cheveux.

LUI

Et avec un soldat, encore ! Car à cette heure tu donnes dans le pantalon rouge. Ah ! c'est du joli ! c'est du propre ! A quand le tour de la livrée ?

ELLE, *debout devant la cheminée, en jupon et en corset.*

Toi, tu as une certaine chance que je t'aie épousé.

LUI

Pourquoi ?

ELLE

Parce que si c'était à refaire...

LUI

Penses-tu que je n'en aie pas autant à ton service ? Je te conseille de parler ! Un femme dans ta position... (*Long regard ironique de madame.*)... Oh ! ne joues donc pas sur les mots.—.. se galvauder avec un pousse-cailloux !...

ELLE

D'abord, c'est un officier.

LUI

C'est un drôle, voilà ce que c'est !... Et un polisson !... Et un sot !... Et un goujat de la pire espèce !... Son attitude à ton égard a été de la dernière inconvenance. Il t'a fait une cour scandaleuse !

ELLE, l'ongle aux dents.

Pas ça !

LUI

Tu mens !

ELLE

Charmante éducation.

LUI

Tu mens !

ELLE, agacée.

Et quand je mentirais ? Quand il me l'aurait faite, la cour, ce brin de cour autorisé d'homme du monde à honnête femme ? Le grand malheur ! La belle affaire !

LUI

Pardon...

ELLE

D'ailleurs, quoi ? Je te l'ai présenté. Il fallait te plaindre à lui-même, au lieu de te lancer comme tu l'as fait dans un déploiement ridicule de courbettes et de salamalecs. Et « Mon capitaine » par-ci, et « Mon capitaine » par-là, et « Enchanté, mon capitaine, de faire votre connaissance ». Ma parole, c'était écœurant de te voir ainsi faire des grâces et arrondir la bouche en derrière de poule, avec une figure d'assassin. Tu étais vert comme un sous-bois.

Elle passe et revient vers le lit.

LUI

Je...

ELLE

Seulement voilà : ce n'est **pas la bravoure qui t'étouffe.**

LUI

Je...

ELLE

Alors tu n'as pas osé...

LUI

Je...

ELLE

Comme le soir où nous étions sur l'Esplanade des Invalides à voir tirer le feu d'artifice, et où tu affectais de compter les fusées et de crier : « Sept !... Huit !... Neuf !... Dix !... Onze ! » pendant que je te disais tout bas : « Il y a derrière moi un homme qui essaie de passer sa main par la fente de mon jupon. Fais-le donc finir. Il m'ennuie. »

LUI, *jouant dans la perfection la comédie de l'homme qui ne comprend pas.*

Je ne sais pas ce que tu me chantes avec ton histoire d'esplanade ; mais pour en revenir à ce monsieur, si je ne lui ai pas dit ma façon de penser, c'est que j'ai cédé à des considérations d'un ordre spécial : l'horreur des scandales publics, le sentiment de ma dignité...

ELLE

... la peur bien naturelle des coups, *et cætera, et cætera*.

LUI, brûlé comme au fer rouge, dans un hurlement de douleur :

Tu es plus bête qu'un troupeau d'oies ! (Rires de madame.) Ah ! et puis ne ris pas comme ça. Je sens que je ferais un malheur !... La peur des coups ! La peur des coups !

ELLE

Bien sûr, oui, la peur des coups. Tu n'as pas de sang dans les veines.

LUI

C'est de moi que tu parles ?

ELLE

Non. Du frotteur.

LUI

Par exemple ; celle-là est raide ! Moi, moi, je n'ai pas de sang dans les veines ? En six mois de temps j'ai flanqué onze bonnes à la porte, et je n'ai pas de sang dans les veines ? D'ailleurs c'est bien simple. Où est l'encre ? (Il s'installe devant le guéridon, attire à soi un petit buvard de dame et en tire un cahier de papier.) Je ne voulais pas donner de suite à cette affaire...

ELLE

Ça, je m'en doute.

10.

LUI

... me réservant de dire son fait à ce monsieur le jour où je le rencontrerais. Mais puisque tu le prends comme ça, c'est une autre paire de manches. (Il trempe sa plume dans l'encrier.) Je vas vous faire voir à tous les deux, à cet imbécile et à toi, si j'ai du sang dans les veines oui ou non, et si je suis un monsieur qui a peur des coups. (Il écrit.)

ELLE

Ne fais donc pas l'intéressant. Tu sais très bien que tu n'as pas son adresse.

LUI, qui continue à écrire.

J'ai son nom et le numéro de son régiment, le 31° dragons, caserné au quai d'Orsay. C'est suffisant et au delà. (Il paraphe sa lettre d'une arabesque imposante.) Pas de sang ! Pas de sang !... Ah ! Ah ! c'est du sang, qu'il te faut ? Eh bien, ma fille, tu en auras, et plus que tu ne le penses peut-être. Voilà un petit mot de billet dont je ne suis pas mécontent et qui n'est pas, j'ose le prétendre, dans un étui à lunettes. (Il ricane.) Qu'est-ce que tu attends ?

ELLE, qui est demeurée silencieuse, la main tendue.

La lettre, pour la faire mettre à la poste. Il est huit heures, la bonne est levée.

LUI, après avoir clos l'enveloppe.

Voici. (Il lui tend la lettre, mais à l'instant où elle va la prendre, il la retire d'un brusque recul de la main et l'enfouit en la poche de son habit.) Et puis, au fait, non. Je la mettrai moi-même à la boîte. Je serai plus sûr qu'elle arrivera.

ELLE

A Pâques.

LUI, étonné.

A Pâques ?...

ELLE

Ou à la Trinité. Le jour où M. Marlborough rentrera dans le château de ses pères.

LUI

De l'esprit ? Le temps va changer. (Geste de madame.) Il suffit. Tes insinuations en demi-teintes font ce qu'elles peuvent pour être blessantes, heureusement la sottise n'a pas de crocs. Ta perfidie me fait lever le cœur et ta niaiserie me fait lever les épaules ; voilà tout le fruit de tes peines. Là-dessus, tu vas me faire le plaisir de te taire, ou alors ça va se gâter. Je veux bien me borner, en principe, à remettre un goujat à sa place par une lettre plus qu'explicite, mais c'est à la condition, à la condition expresse, que la question sera tranchée et que je n'entendrai plus parler de lui. Comment ! voilà un galapiat, un traîneur de rapière en chambre, qui non seulement manquerait de respect à ma femme, mais viendrait par dessus le marché mettre la zizanie chez moi ? troubler la paix de mon ménage ? Oh, mais non ! Oh ! mais n'en crois rien ! Donc, tu peux te le tenir pour dit : la moindre allusion à ce monsieur, la moindre ! c'est clair, n'est-ce pas ? et ce n'est plus une lettre qu'il recevrait de moi.

ELLE

Qu'est-ce qu'il recevrait?

LUI, très catégorique.

Mon pied.

ELLE

Ton pied?...

LUI

Mon pied en personne, si j'ose m'exprimer ainsi.

ELLE, pouffant de rire.

Pfff.

LUI qui saute sur son pardessus et l'endosse.

Veux-tu que j'y aille tout de suite ?

ELLE, froidement.

Je t'en défie.

LUI, son chapeau sur la tête.

Ne le répète pas.

ELLE

Je t'en défie.

LUI

Fais attention.

ELLE

Je t'en défie !

LUI

Pour la dernière fois, réfléchis bien à tes paroles. (Solennel, la main sur son cœur.) Devant Dieu qui me voit et m'entend, nous nagerons dans la tragédie si je passe le seuil de cette porte.

ELLE, courant à la porte qu'elle ouvre.

Le seuil? Le voilà, le seuil ! Et voici la porte grande ouverte.

LUI

Aglaé...

ELLE

Passe-le donc, un peu ! Passe-le donc, le seuil de la porte ! Non, mais passe-le donc, que je voie, et vas donc lui donner de ton pied, à ce monsieur.

LUI

Aglaé...

ELLE

Mais va donc, voyons ! Qu'est-ce qui te retient ? Qu'est-ce qui t'arrête ? Vas donc ! Vas donc ! Vas donc ! Vas donc !

LUI, jouant la stupéfaction.

Tu me donnes des ordres, Dieu me pardonne ! « Vas donc ! » dit Madame, « Vas donc ! » (Retirant son paletot qu'il jette au dossier d'un siège.) C'est étonnant comme j'obéis ! (Haussement apitoyé de l'épaule.) En vérité, tu aurais dix ans de moins, je t'administrerais une fessée pour te rappeler au sentiment des convenances. Qui est-ce qui m'a bâti une morveuse pareille ?.. une gamine — on lui presserait le nez il en sortirait du lait — qui se permet de donner des ordres et de dire : « Vas donc » à son mari ?

ELLE, *installée près du lit et attaquant son pantalon.*

Le fait est qu'en parlant ainsi, j'ai perdu une belle occasion de garder pour moi des paroles inutiles.

LUI

Et tu en perds une seconde en émettant cette vérité d'une ambiguïté si piquante. Car, tu la juges telle, j'imagine.

ELLE

Trop polie pour te démentir.

LUI

Oui. Eh bien, j'ai le regret de t'apprendre que le jour où l'esprit et toi vous passerez par la même porte, nous n'attraperons pas d'engelures.

ELLE

Ce qui veut dire qu'il fera singulièrement chaud ?

LUI

Singulièrement chaud, oui, ma fille. (Goguenard.) Tu as cru que c'était arrivé ?

ELLE

Comment ?

Elle est revenue à la cheminée. En chemise, les pieds nus dans des mules, elle se prépare un verre d'eau sucrée.

LUI

Tu ne t'en es pas aperçue que je me moquais de toi ?

ELLE

Je l'avoue.

LUI

Tu ne t'es pas rendu compte que je mystifiais ta candeur ?

ELLE

Ma foi, non.

LUI

Jour de Dieu ! comme dit Mme Pernelle, tu as de la naïveté de reste. Je t'en prie, laisse-moi rire ; c'est trop drôle. (Il se pâme.) Me voyez-vous, non, mais me voyez-vous, tombant à huit heures du matin dans un quartier de cavalerie, le camélia à la boutonnière, et tirant les oreilles à ce monsieur devant un escadron rangé en bataille ?...

ELLE

Ça ne manquerait pas de chic.

LUI

Comment donc !...

ELLE

Qu'est-ce qui t'empêche de le faire ?

LUI

Rien !... Une niaiserie !... la moindre des choses.

ELLE, qui se met au lit.

Enfin, quoi ?

LUI

Moins que rien, je te dis. Le sentiment du plus élémentaire devoir : le respect de l'uniforme français. Tu vois que ça ne valait pas la peine d'en parler.

ELLE, couchée.

Comprends pas.

LUI

Bien entendu. Un morveux d'officier m'outrage. Je ne lui casse pas les reins ; pourquoi ? — Parce que mon patriotisme parlant plus haut que ma violence me crie : « Ne fais pas ça, ce serait mal. Songe à la

France qui est ta mère, et n'attente pas par un châtiment public au prestige de l'épaulette. » Je m'incline. Tu ne comprends pas. Si tu te figures que ça m'étonne !

ELLE

Cœur magnanime !

LUI

Tais-toi donc, vous êtes toutes les mêmes, fermées comme des portes de cachot à tout ce qui est grandeur d'âme, générosité naturelle et noblesse de sentiments. Quelle race !... Oh ! tu peux rigoler. Je suis au-dessus de tes appréciations. J'ai ma propre estime, qui me suffit, et toi du moins tu ne te plaindras pas de moi, Patrie, je fais passer tes affaires avant les miennes.

ELLE, accoudée dans l'oreiller.

Tu as raté ta vocation. Tu aurais dû te faire cabotin.

LUI

Blague, pendant que tu en as le temps. Tu ne

triompheras pas toujours, car entre ce monsieur et moi ce n'est que partie remise.

ELLE

Ah ! aouat !

LUI

Que je le repince, ce monsieur ; qu'il me retombe jamais sous la main... je lui flanquerai une petite leçon de savoir-vivre qui lui ôtera l'envie d'en recevoir une seconde.

ELLE

Tu dis des bêtises.

LUI

Je lui referai une éducation, moi, à ce monsieur.

ELLE

Mais oui, mais oui.

LUI

Avec mon pied dans le derrière !

ELLE

C'est convenu.

LUI

Tu ne me crois pas ?

ELLE

Je ne fais que ça.

LUI

Tu ne fais que ça, seulement tu n'en penses pas un mot. Eh bien ! que je dégotte son adresse, j'irai lui dire comment je m'appelle, tu verras si ça fait un pli.

ELLE

C'est au point que si on te la donnait, tu irais le gifler de ce pas.

LUI

De ce pas.

ELLE

Homme intrépide !... — La veux-tu ?

LUI

Quoi ?

ELLE

Son adresse.

LUI

Tu as l'adresse de ce monsieur ?

ELLE, qui enfin éclate.

Oui, je l'ai ! et puis tu m'assommes ! (Elle saute du lit, s'empare de son carnet de bal, qu'elle a déposé sur le chiffonnier, près du lit, et en feuillette les pages d'une main fiévreuse.) Et puis oui, il ne me déplaît pas ! Et puis oui, il m'a fait la cour ! Et puis oui, il m'a dit de toi que tu avais une bonne tête de...

LUI

Une bonne tête de quoi ?

ELLE

Une bonne tête..., une bonne tête..., tu sais parfaitement ce que je veux te dire...

LUI

Permets...

ELLE

Et puis oui, je suis une honnête femme... Et puis oui, tu ne seras satisfait que quand je serais devenue autre chose ! Et puis oui, il m'a remis sa carte ! Et cette carte, la voici ! Et tu sais maintenant où le trouver, et tu peux y aller tout de suite, lui casser les reins, à ce monsieur !

LUI, formidable.

Sa carte ! Sa carte ! Je me fous de sa carte comme de lui-même, ce qui n'est pas peu dire. Tiens, voilà ce que j'en fais, de sa carte : des confetti ! — Polisson ! Drôle !... qui a le toupet de donner son adresse à une femme mariée...

ELLE, très sèche.

Mais.

LUI

...et qui se permet de dire de moi que j'ai une bonne tête de !

ELLE, qui se recouche.

Si c'est son opinion.

LUI

Je l'en ferai changer avant qu'il soit l'âge d'un cochon de lait, et pas plus tard qu'à l'instant même. (Même jeu de scène que précédemment. Il a couru à son pardessus qu'il a enfilé précipitamment. Il se coiffe de son chapeau.) Qu'est-ce que j'en ai fait de cette carte ? (Il fouille ses poches.)

ELLE

Rue Grange-Batelière, 17.

LUI, sourd comme un pot.

Nom d'un chien, je l'ai égarée !... Ces choses-là n'arrivent qu'à moi.

ELLE

Rue Grange-Batelière, 17.

LUI, de plus en plus sourd :

Il n'y a de veine que pour la canaille, on a bien raison de le dire.

ELLE

Rue Grange-Batelière, 17.

LUI

Quoi, rue Grange-Batelière ? Quoi, rue Grange-Batelière ? Est-ce que tu vas me raser longtemps avec ta rue Grange-Batelière ? (Enlevant violemment son pardessus et son chapeau.) D'abord qu'est-ce que c'est que ces façons d'élever la voix lorsque je parle et de causer en même temps que moi ?

ELLE

Ce monsieur...

LUI, qui bondit vers le lit.

Ah ! je t'y pince ! (Stupéfaction de madame.) Tu voudrais détourner la question, fine mouche !

ELLE

Moi ?

LUI

Je te prends la main dans le sac, flagrant délit d'impertinence ; alors toi, tout de suite : « Ce monsieur ». Tu es rouée comme une potence ; seulement voilà, ça ne prend pas avec moi, ces malices cousues de corde à puits.

ELLE, au comble de l'énervement.

Oh ! oh ! oh !

LUI

Pas une minute! Fais-toi bien à cette idée-là. D'ailleurs, tout ça, je sais de qui ça vient.

ELLE

Ça vient de quelqu'un?

LUI

Ça vient de ta mère.

ELLE, abasourdie.

Ça, c'est un comble, par exemple!... Qu'est-ce que maman a à voir là-dedans?

LUI

Elle a à voir que si jamais elle remet les pieds ici, je la prends par le bras et je la flanque à la porte

ELLE, qui fond en larmes.

Hi! hi! hi!

LUI

Absolument. Et quant à toi, je te défends de retourner chez elle, ou c'est à moi que tu auras affaire.

Crise de sanglots de madame, qui s'effondre dans son oreiller.

LUI, allant et venant par la chambre.

C'est comme la bonne. En voilà une qui ne moisira pas ici. Je vas lui octroyer ses huit jours, le temps de compter jusqu'à cinq. Y a le chat, aussi, que j'oubliais ! une saloperie qui passe sa vie à aller faire ses ordures dans le porte-parapluie de l'antichambre. Il aura de mes nouvelles, le chat ; je vas le foutre par la fenêtre et nous verrons un peu s'il retombera sur ses pattes ! (Se jetant les bras sur la poitrine.) Non, mais enfin je vous le demande ; qu'est-ce que c'est qu'un monde pareil ? Tout ceci va changer. La mère, la fille, la bonne, le chat, je vais vous faire valser tous les quatre, ah, là là ! Ah ! je suis un monsieur qui a peur des coups ! Ah ! je suis un monsieur qui a peur des coups !.....

Grêle de coups de canne en travers du guéridon. Hurlements désolés de madame.

RIDEAU

Grand Guignol : 1er Février 1898.

Les Boulingrin

PERSONNAGES

DES RILLETTES. MADAME BOULINGRIN.
BOULINGRIN.   FÉLICIE.

Le théâtre représente un salon.

SCÈNE PREMIÈRE

DES RILLETTES, FÉLICIE

DES RILLETTES, que vient d'introduire Félicie.

Ces Boulingrin que j'ai rencontrés l'autre jour à la table des Duclou et qui m'ont invité à venir de temps en temps prendre une tasse de thé chez eux, me paraissent de charmantes gens et je crois que je goûterai en leur compagnie infiniment de satisfaction.

FÉLICIE

Si monsieur veut bien prendre la peine de s'asseoir ?... Je vais aller avertir mes maîtres.

DES RILLETTES

Je vous remercie. — Ah !

FÉLICIE

Monsieur ?

DES RILLETTES

Comment vous appelez-vous, ma belle ?

FÉLICIE

Je m'appelle Félicie, et vous ?... Oh ! ce n'est pas par indiscrétion, c'est pour savoir qui je dois annoncer.

DES RILLETTES

Trop juste : Des Rillettes.

FÉLICIE, égayée.

Des Rillettes ?

DES RILLETTES

Des Rillettes.

FÉLICIE

Ma foi, j'ai connu pire que ça. Ainsi tenez, dans mon pays, à Saint-Casimir, près Amboise, nous avions un voisin qui s'appelait Piédevache.

DES RILLETTES

Oui ? Eh bien, allez donc informer de ma visite madame et monsieur Boulingrin.

LES BOULINGRIN

FÉLICIE

J'y vais. (Fausse sortie.)

DES RILLETTES

Au fait, non. Un moment. Approchez un peu, que je vous parle. (Lui prenant le menton.) Vous n'êtes pas qu'une jolie fille, vous.

FÉLICIE, modeste.

Peuh...

DES RILLETTES

Vous êtes aussi une fine mouche.

FÉLICIE

Peuh...

DES RILLETTES

De mon côté, j'ose prétendre que je ne suis pas un imbécile.

FÉLICIE

Peuh... Pardon, je pensais à autre chose.

DES RILLETTES

Je crois que nous pourrons nous entendre. Il y a longtemps que vous servez ici ?

FÉLICIE

Bientôt deux ans.

DES RILLETTES

A merveille ! Vous êtes la femme qu'il me faut.

FÉLICIE

Vous voulez m'épouser?

DES RILLETTES

Ne faites pas la bête, ce n'est pas de cela qu'il s'agit.

FÉLICIE

On peut se tromper. Excusez.

DES RILLETTES

Félicie, écoutez-moi bien, et surtout répondez franchement. Si vous mentez, mon petit doigt me le dira. En revanche, si vous êtes sincère, je vous donnerai quarante sous.

FÉLICIE

C'est trop.

DES RILLETTES

Cela ne fait rien; je vous les donnerai tout de même.

FÉLICIE

En ce cas, allez-y. Questionnez.

DES RILLETTES

Entre nous, madame et monsieur Boulingrin sont de fort aimables personnes?

FÉLICIE

Je vous crois.

DES RILLETTES

Je l'aurais parié! — Gens simples, n'est-ce pas?

FÉLICIE

Tout ce qu'il y a de plus.

DES RILLETTES

Un peu popote ?

FÉLICIE

Un peu beaucoup.

DES RILLETTES

Très bien ! Ménage très uni, au surplus ?

FÉLICIE

Uni ? Uni ? Mais c'est au point que j'en suis quelquefois gênée ! Jamais une discussion, toujours du même avis ! Deux tourtereaux, Monsieur ! deux ramiers !

DES RILLETTES

Allons, je constate que mon flair aura fait des siennes une fois de plus. Je vais être ici comme dans un bain de sirop de sucre. Voilà vos deux francs, mon petit chat.

FÉLICIE

Ça ne vous gêne pas ?

DES RILLETTES

Non.

FÉLICIE

Alors... merci, Monsieur.

DES RILLETTES, très grand seigneur.

Laissez donc !... Jamais je n'ai moins regretté mon argent. Salut, demeure calme et tranquille ! asile de paix où je me propose de venir trois fois par semaine passer la soirée cet hiver, les pieds chauffés à des brasiers qui ne me coûteront que la fatigue de leur présenter mes semelles, et abreuvé de tasses de thé qui ne me coûteront que la peine de les boire. Oh! agréable perspective! rêve longtemps caressé vision cent fois douce à l'âme du pauvre pique-assiette qui, sentant la vieillesse prochaine et pensant avec Racan que l'instant est venu de faire la retraite, ne demande pas mieux que de la faire, à l'œil, sous le toit hospitalier d'autrui. (Cependant, depuis un instant, Félicie agacée mime le coup de rasoir, la joue caressée du revers de la main et le bout du nez pincé entre l'index et le pouce.)

DES RILLETTES, se tournant vers elle qui interrompt brusquement sa mimique.

C'est que voyez-vous, mon enfant, plus on avance dans la vie, plus on en voit l'inanité. Qu'est la volupté? Un vain mot! Qu'est le plaisir? Une apparence! Vous me direz que pour un vieux célibataire, la vie de café a bien ses charmes. C'est vrai, mais que d'inconvénients! A la longue, ça devient monotone, onéreux, et puis, il arrive un âge où...

FÉLICIE

Oh!

DES RILLETTES

Qu'est-ce qu'il y a?

FÉLICIE

J'ai oublié de refermer le robinet de la fontaine.

DES RILLETTES

Petite bête! Ça doit être du propre.

FÉLICIE

Je me sauve. Je vous annoncerai en même temps.
(Elle sort.)

SCÈNE II

DES RILLETTES, seul

DES RILLETTES, seul.

Pas de cervelle, mais de l'esprit. Cette enfant ne me déplaît pas. L'appartement non plus, d'ailleurs.

Ameublement bourgeois, mais confortable; bourrelets aux fenêtres et sous les portes... La cheminée (Il s'accroupit devant l'âtre) ronfle comme un sonneur et tire comme un maître d'armes. (Se laissant tomber dans un fauteuil.) Non, mais voyez donc ce ressort!... Des Rillettes, mon petit lapin, tu me parais avoir trouvé tes invalides et tu seras ici, je te le répète, ni plus ni moins que dans un bain de sirop de sucre. Je te fais bien mes compliments. Du bruit ! Ce sont probablement monsieur et madame Boulingrin.

SCÈNE III

DES RILLETTES, LES BOULINGRIN.

DES RILLETTES

Madame et Monsieur Boulingrin, je suis bien votre serviteur.

BOULINGRIN

Eh ! bonjour, Monsieur des Rillettes.

MADAME BOULINGRIN

C'est fort aimable à vous d'être venu nous voir

BOULINGRIN

Vous tombez à propos.

DES RILLETTES

Bah !

MADAME BOULINGRIN

Comme marée en carême.

DES RILLETTES

J'en suis bien aise.

MADAME BOULINGRIN

Dites-moi, Monsieur des Rillettes...

DES RILLETTES

Madame ?...

BOULINGRIN, le tirant par le bras gauche.

Pardon ! moi d'abord.

MADAME BOULINGRIN, le tirant par le bras droit.

Non. Moi !

BOULINGRIN

Non !

MADAME BOULINGRIN

N'écoutez pas, Monsieur des Rillettes. Mon mari ne dit que des bêtises.

BOULINGRIN

Que des bêtises !...

MADAME BOULINGRIN

Oui, que des bêtises.

BOULINGRIN

Tu vas voir un peu, tout à l'heure, si je ne vais pas aller t'apprendre la politesse avec une bonne paire de claques. Espèce de grue !

MADAME BOULINGRIN

Voyou !

BOULINGRIN

Comment as-tu dit cela ?

MADAME BOULINGRIN

J'ai dit : « Voyou ».

BOULINGRIN

Tonnerre !... Et puis tu embêtes monsieur. Veux-tu bien le lâcher tout de suite !

MADAME BOULINGRIN

Lâche-le toi-même.

BOULINGRIN

Non. Toi !

MADAME BOULINGRIN

Non !

DES RILLETTES, écartelé.

Oh !

MADAME BOULINGRIN

Tu entends. Tu le fais crier.

DES RILLETTES

Excusez-moi, Monsieur et Madame Boulingrin, mais je vois que vous êtes en affaires et je craindrais d'être importun.

BOULINGRIN

Nullement.

MADAME BOULINGRIN

Point du tout.

BOULINGRIN

Au contraire.

DES RILLETTES

Cependant...

BOULINGRIN

Au contraire, vous dis-je. (Lui avançant une chaise.) Tenez !

MADAME BOULINGRIN, même jeu.

C'est cela. Prenez un siège.

DES RILLETTES

Merci.

BOULINGRIN

Non. Pas celui-ci ; celui-là !

DES RILLETTES

Mille grâces.

MADAME BOULINGRIN

Non. Pas celui-là ; celui-ci.

BOULINGRIN

Non.

MADAME BOULINGRIN

Si.

BOULINGRIN

Non.

MADAME BOULINGRIN

Si.

BOULINGRIN

Est-ce que ça va durer longtemps ? Vas-tu ficher la paix à monsieur des Rillettes ?

DES RILLETTES

En vérité, je suis désolé.

MADAME BOULINGRIN

Pourquoi donc ?

BOULINGRIN

Il n'y a pas de quoi.

MADAME BOULINGRIN et BOULINGRIN, ensemble.

Asseyez-vous.

MADAME BOULINGRIN, qui a réussi à amener une chaise sous les fesses de des Rillettes.

Là !

BOULINGRIN, qui se précipite.

Pas sur celle-là, je vous dis ! (Il enlève, d'un tour de main, la chaise avancée par sa femme, en sorte que des Rillettes, qui allait justement s'y asseoir, tombe, le derrière sur le plancher.)

MADAME BOULINGRIN, triomphante.

Tu vois ! (Pendant tout le couplet qui suit, madame Boulingrin, calme et exaspérante, s'obstine à répéter :) Imbécile ! Imbécile ! (tandis que) :

BOULINGRIN, légitimement indigné.

Eh ! c'est ta faute, aussi ! Pourquoi as-tu voulu le forcer à s'asseoir sur une chaise qui le répugnait ?

Tu serais bien avancée, n'est-ce pas, s'il s'était cassé la figure ?... — Imbécile ?... Imbécile toi-même ! Quel monstre de femme, mon Dieu ! Pourquoi faut-il que j'aie trouvé ça sur mon chemin ? (A des Rillettes.) Vous ne vous êtes pas blessé, j'espère ?

DES RILLETTES, qui se frotte mélancoliquement le fond de culotte.

Oh ! si peu que ce n'est pas la peine d'en parler.

BOULINGRIN

Vous m'en voyez ravi. Approchez-vous du feu.

DES RILLETTES, à part.

Je suis fâché d'être venu.

MADAME BOULINGRIN, empressée.

Prenez ce coussin sous vos pieds.

DES RILLETTES

Merci beaucoup.

BOULINGRIN, que la civilité de sa femme commence à agacer, et qui fourre un second coussin sous le premier.

Prenez également celui-ci.

DES RILLETTES

Bien obligé.

MADAME BOULINGRIN, qui ne saurait sans déchoir accepter de son mari une leçon de courtoisie.

Et celui-là. (Elle glisse un troisième coussin sous les deux autres.)

DES RILLETTES

En vérité...

BOULINGRIN, armé d'un quatrième coussin.

Cet autre encore.

DES RILLETTES

Non.

MADAME BOULINGRIN

Ce petit tabouret.

DES RILLETTES, les genoux à hauteur de l'œil.

De grâce...

BOULINGRIN

Eh ! laisse-nous tranquilles avec ton tabouret ! (Exaspéré, il envoie un coup de pied dans la pile de coussins échafaudée sous les semelles de des Rillettes. Les coussins s'écroulent, entraînant naturellement, dans leur chute, la chaise de des Rillettes, et des Rillettes avec.) Tu assommes monsieur des Rillettes.

DES RILLETTES, les quatre fers en l'air.

Quelle idée !

MADAME BOULINGRIN

C'est toi qui le rases.

BOULINGRIN, avec autorité.

Allons, tais-toi !

MADAME BOULINGRIN

Je me tairai si je veux.

BOULINGRIN

Si tu veux !

MADAME BOULINGRIN

Oui, si je veux.

BOULINGRIN

... de Dieu !

MADAME BOULINGRIN

Et je ne veux pas, précisément.

BOULINGRIN

C'est trop fort !... Coquine !

MADAME BOULINGRIN

Cocu !

BOULINGRIN

Gaupe !

MADAME BOULINGRIN

Gouape !

BOULINGRIN

Quelle existence !

MADAME BOULINGRIN

Je te conseille de te plaindre. (A des Rillettes.) Un fainéant doublé d'un escroc, qui ne fait œuvre de ses dix doigts et se saoule avec l'argent de ma dot : les économies de mon vieux père !

BOULINGRIN, au comble de la joie.

Ton père !... (A des Rillettes.) Dix ans de travaux forcés pour faux en écritures de commerce !

MADAME BOULINGRIN

En tous cas, on ne l'a pas fourré à Saint-Lazare pour excitation de mineure à la débauche, comme la mère d'un imbécile que je connais.

BOULINGRIN, à des Rillettes.

Vous l'entendez ?

DES RILLETTES

Ne trouvez-vous pas que le temps s'est étrangement rafraîchi depuis une quinzaine de jours ?

BOULINGRIN, à sa femme.

Ne me force pas à révéler en l'infection de quel cloaque je t'ai pêchée de mes propres mains.

MADAME BOULINGRIN

Pêchée !... Tu ne manques pas d'audace et je serais curieuse de savoir lequel de nous a pêché l'autre !

BOULINGRIN

Ernestine !

MADAME BOULINGRIN, formidable.

Silence ! ou je dis tout !!!

BOULINGRIN, trépignant.

Ah !... ah !... ah !...

DES RILLETTES, avide de concilier.

Du calme !... Madame a raison.

BOULINGRIN, qui bondit.

Raison !

DES RILLETTES, doux et souriant.

Oui.

BOULINGRIN

Raison !

DES RILLETTES

Mais...

BOULINGRIN

Raison !... Ah ça ! Monsieur des Rillettes, vous voulez donc que je vous extermine ?

DES RILLETTES

En aucune façon, Monsieur. Je vous prie même de n'en rien faire.

BOULINGRIN

Certes, je puis le dire à voix haute : au cours de ma longue carrière, j'ai entendu bien des crétins proférer des extravagances. Ça ne fait rien, je veux que mon visage se couvre de pommes de terre, si j'ai jamais, au grand jamais, ouï la pareille insanité !

DES RILLETTES

Ah ! mais pardon !

BOULINGRIN

Raison !

DES RILLETTES

Voulez-vous me permettre ?

BOULINGRIN

Raison !

DES RILLETTES

Écoutez-moi.

BOULINGRIN, hors de lui.

Une trique ! Qu'on m'apporte une trique ! Je veux casser les reins à monsieur des Rillettes, car la patience a des limites et, à la fin, ceci passe la permission. Comment ! Voilà une bougresse, fille de voleurs, voleuse elle-même, qui me fait tourner en bourrique, m'écorche, me larde, me fait cuire à petit feu, et c'est elle qui a raison !... une gueuse qui me suce le sang, me ronge le cerveau, le poumon, les reins, les pieds, le foie, la rate, l'œsophage, le pan- 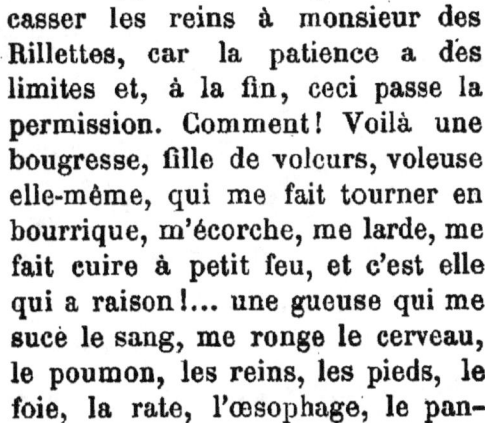 créas, le péritoine et l'intestin, et c'est elle qui a raison !

DES RILLETTES

Voyons...

MADAME BOULINGRIN

Ne faites pas attention, il est fou.

BOULINGRIN

Raison !... Vous dites qu'elle a raison parce que vous parlez sans savoir, comme une vieille bête que vous êtes.

DES RILLETTES, assez sec.

Trop aimable.

BOULINGRIN

... Mais si vous étiez à ma place, vous changeriez d'opinion. Oui, ah! je voudrais bien vous y voir! Vous en feriez une, de bouillotte, si on vous mettait à la broche avec une gousse d'ail sous la peau et qu'on vous foute ensuite à roter devant le feu, depuis le premier janvier jusqu'à la saint Sylvestre.

DES RILLETTES

Comment! à roter devant le feu!...

BOULINGRIN, se reprenant.

A rôtir!... Je ne sais plus ce que je dis.

MADAME BOULINGRIN

Il est fou à lier.

BOULINGRIN

Fou à lier?... Gueuse! Scélérate! Plaie de ma vie! (Saisissant des Rillettes par un bouton de sa redingote et le secouant comme un prunier.) Mais, Monsieur, jusqu'à mon manger!... où elle fourre de la mort aux rats, histoire de me ficher la colique! (Le bouton saute.)

MADAME BOULINGRIN

Quel toupet! (Saisissant des Rillettes par un second bouton, qui saute comme le premier.) C'est lui, au contraire, qui met des bouchons dans le vin, afin de le rendre imbuvable.

BOULINGRIN

Menteuse!

MADAME BOULINGRIN

Je mens? C'est bien simple. (Elle sort.)

SCÈNE IV

BOULINGRIN, DES RILLETTES

BOULINGRIN

C'est ça ! File, que je ne te revoie plus !... que je n'entende plus parler de toi !

DES RILLETTES, à part.

Qu'est-ce que c'est que ces gens-là ?... Qu'est-ce que c'est que ces gens-là ? Fuyons avec célérité.

BOULINGRIN, s'approchant de lui.

Monsieur des Rillettes ?

DES RILLETTES

Monsieur ?

BOULINGRIN

J'ai des excuses à vous faire. Je crains de m'être laissé aller à un fâcheux emportement et de ne pas vous avoir traité avec les égards voulus.

DES RILLETTES, jouant la surprise.

Quand cela ? Où ?

BOULINGRIN

Tout à l'heure. Ici.

DES RILLETTES

Je ne sais ce que vous voulez dire. Vous avez été, au contraire, d'une correction irréprochable, et je suis touché au plus haut point de votre excellent accueil. Adieu.

BOULINGRIN
Quoi ! Déjà ?

DES RILLETTES
Hélas, oui. Je suis appelé au dehors par une affaire des plus pressantes, et je dois prendre congé de vous.

BOULINGRIN
Vous plaisantez.

DES RILLETTES
Du tout.

BOULINGRIN
Allons, vous allez accepter un rafraîchissement.

DES RILLETTES
N'en croyez rien.

BOULINGRIN
Si fait, si fait, nous ne nous quitterons pas sans avoir bu un coup et choqué le verre à notre bonne amitié. (Geste de des Rillettes.) N'insistez pas, vous me blesseriez. (Il sonne.) Je croirais que vous avez de la rancune contre moi. (A la bonne qui apparaît.) Allez me chercher une bouteille de champagne.

FÉLICIE
Bien, M'sieu. (Elle sort.)

DES RILLETTES, consentant à capituler.
Enfin !...

BOULINGRIN, ravi.

Ah !

DES RILLETTES

J'accepte votre invitation pour ne pas vous désobliger, mais j'entends ne plus être mêlé à vos dissensions intestines. Elles sont sans intérêt pour moi et me mettent dans des positions fausses, — sans parler des boutons de mon habit qui y restent, et de mes fesses, qui s'en ressentent.

BOULINGRIN

Marché conclu.

DES RILLETTES, la main tendue.

Tope ?

BOULINGRIN, tapant.

Tope !

DES RILLETTES

En ce cas, asseyons-nous. (Ils prennent chacun une chaise, s'installent près l'un de l'autre, et, souriants, se contemplent un instant en silence. A la fin.)

BOULINGRIN, avec enjouement.

J'ai idée, Monsieur des Rillettes, que nous allons faire à nous deux une solide paire d'amis.

DES RILLETTES

C'est aussi mon avis.

BOULINGRIN

Vous m'êtes fort sympathique. (Geste discret de des Rillettes.) Je vous le dis comme je le pense. Sans doute, j'apprécie vivement l'agrément de votre causerie, pleine d'aperçus ingénieux, fertile en piquantes anecdotes et en mots à l'emporte-pièce, mais une chose surtout me plaît en vous, le parfum de franchise, de droiture, qui émane de votre personne. Gageons que la sincérité est votre vertu dominante.

DES RILLETTES, modeste, mais juste.

Forcé d'en convenir.

BOULINGRIN

A merveille ! Nous allons l'établir sur l'heure. Donnez-moi votre parole d'honneur de répondre sans ambages, sans détour et sans faux-fuyants, à la question que je vais vous poser.

DES RILLETTES

Je vous la donne.

BOULINGRIN

Bien. Dites-moi. Tout de bon là, le cœur sur la main, croyez-vous que, depuis la naissance du monde, on vit jamais rien de comparable, comme ignominie, comme horreur, comme infamie, comme abjection, à la figure de ma femme ?

DES RILLETTES, se levant.

Ça recommence !

BOULINGRIN, le forçant à se rasseoir.

Ah ! vous en convenez !

DES RILLETTES

Permettez.

BOULINGRIN

Et encore, si ce n'était que sa figure ! Mais il y a pis que cela, Monsieur, il y a sa mauvaise foi sans nom, sa bassesse d'âme sans exemple. Tenez, un détail dans le tas. Nous faisons lit commun, n'est-ce pas !

DES RILLETTES, impatienté.

Eh ! que diable !...

BOULINGRIN

Sapristi, laissez-moi donc parler. Vous vous expliquerez tout à l'heure. Donc, nous faisons lit commun. Moi, je couche au bord, elle dans le fond. Ça l'embête. Très bien. Qu'est-ce qu'elle fait ? Elle m'envoie des coups de pied dans les jambes toute la nuit ! Comme ceci. (Il lance un coup de pied dans le tibia de des Rillettes.)

DES RILLETTES, hurlant.

Oh !

BOULINGRIN

Hein ? Quelle sale bête !... Ou alors, elle me tire les cheveux ! Comme cela.

DES RILLETTES, rugissant.

Ah !

BOULINGRIN

N'est-ce pas, Monsieur, que ça fait mal?... Bien mieux! Quelquefois, le matin, est-ce qu'elle ne m'envoie pas des gifles à tour de bras, sous prétexte de s'étirer? Parfaitement! Tenez, voilà comment elle fait. (Il bâille bruyamment, et, dans le même temps, jouant la comédie d'une personne qui s'étire les membres au réveil, il envoie

une gifle énorme à des Rillettes.) Vous croyez que c'est agréable?

DES RILLETTES

Non! Non! Et, en voilà assez! Et je ne suis pas venu dans le monde pour qu'on m'y fasse subir des mauvais traitements! Et si, au grand jamais, je remets les pieds chez vous... (A ce moment :)

MADAME BOULINGRIN, qui est rentrée en coup de vent, un verre de vin à la main.

Buvez!

SCÈNE V

DES RILLETTES, LES BOULINGRIN

<small>DES RILLETTES, sursautant.</small>

Qu'est-ce que c'est que ça ?

<small>MADAME BOULINGRIN</small>

Buvez !

<small>BOULINGRIN</small>

Comment ! Tu n'es pas encore morte !

<small>MADAME BOULINGRIN</small>

Zut, toi ! Mais buvez donc, Monsieur. Je vous dis que ça sent le bouchon !

<small>BOULINGRIN</small>

Mauvaise gale ! Tu ne l'emporteras pas en paradis ! (Il sort.)

SCÈNE VI

DES RILLETTES, MADAME BOULINGRIN

<small>MADAME BOULINGRIN</small>

Bonjour ! Quel débarras !

<small>DES RILLETTES, à part.</small>

Quel monde !

<small>MADAME BOULINGRIN</small>

A la fin, allez-vous boire, vous ?

DES RILLETTES

Sérieusement, j'aime autant pas.

MADAME BOULINGRIN, étonnée.

Ce n'est pas sale ; c'est mon verre.

DES RILLETTES

Je ne vous dis pas le contraire, mais je suis forcé de me retirer.

MADAME BOULINGRIN

Comme ça? Tout de suite?

DES RILLETTES

A l'instant même. — Qu'est-ce que j'ai fait de mon chapeau? (Il se coiffe, puis saluant jusqu'à terre.) Madame...

MADAME BOULINGRIN

Ecoutez, Monsieur des Rillettes, voulez-vous me rendre un service?

DES RILLETTES

Très volontiers.

MADAME BOULINGRIN

Bien. Enlevez-moi.

DES RILLETTES

Vous dites?

MADAME BOULINGRIN

Je dis : « Enlevez-moi. »

DES RILLETTES, suffoqué.

Ça, par exemple, c'est le bouquet! Vous voulez que je vous enlève?

MADAME BOULINGRIN

Je vous en prie.

DES RILLETTES

Eh ! Je ne peux pas !

MADAME BOULINGRIN

Pourquoi donc ?

DES RILLETTES

J'ai un vieux collage, ça me ferait avoir des histoires.

MADAME BOULINGRIN

Vous refusez ?

DES RILLETTES

A mon grand regret ; mais enfin soyez raisonnable...

MADAME BOULINGRIN

Vous refusez ?

DES RILLETTES

Puisque je vous dis...

MADAME BOULINGRIN

Eh bien, je vous préviens d'une chose : c'est que vous allez être la cause de grands malheurs

DES RILLETTES

Moi ?

MADAME BOULINGRIN

Vous. Oh ! inutile de faire les grands bras. Avant — vous entendez ? — avant qu'il soit l'âge d'un petit cochon, il y aura à cette place un cadavre !!! Puisse le sang qui aura coulé par votre faute ne pas retomber sur votre tête !

DES RILLETTES, les poings aux tempes.

Mais c'est à devenir fou ! Mais qu'est-ce que je vous ai fait ? Mais ça devient odieux, à la fin ?

MADAME BOULINGRIN

Ah ! c'est qu'il ne faut pas, non plus, tirer trop fort sur la ficelle, ou alors tout casse, tant pis ! Voilà dix ans que j'y mets de la bonne volonté ; ça ne peut pas durer toute la vie. Vous comprenez que j'en ai assez.

DES RILLETTES

Sans doute ; mais... ça m'est égal.

MADAME BOULINGRIN

C'est tout naturel, parbleu ! Qu'est-ce que ça peut vous faire à vous ? Ce n'est pas vous qui tenez la queue de la poêle et qui payez les pots cassés. Alors vous tranchez la question avec le désintéressement d'un bon gros diable de pourceau confit dans son égoïsme. Trop commode ! Il est probable que vous changeriez de langage si vous étiez, pieds et poings liés, livré à la fureur d'une brute sanguinaire qui vous traiterait en esclave et vous battrait comme un tapis. Car il me bat. Vous ne le croyez pas ?

DES RILLETTES, battant prudemment en retraite.

Si ! Si ! Si !

MADAME BOULINGRIN, marchant lentement sur lui.

Non seulement, entendez-vous bien, il me meurtrit de bourrades au point de m'en défoncer les côtes, mais il me pince, qui plus est !... à m'en faire hurler, le misérable !... et (pinçant des Rillettes qui proteste) pas comme ceci, ce ne serait rien... Non ; entre l'os de l'index et la deuxième phalange du pouce ! Comme ça. (Elle joint l'exemple à la démonstration, en sorte que des Rillettes, le bras comme dans un engrenage, se répand en clameurs douloureuses.) Vous voyez ; ça forme l'étau.

DES RILLETTES

Ah ! Eh ! Oh ! Hi ! (A ce moment rentre Boulingrin, une assiette de soupe à la main.)

SCÈNE VII

DES RILLETTES, LES BOULINGRIN

BOULINGRIN, à des Rillettes.

Goûtez !

DES RILLETTES, sursautant.

Qu'est-ce que c'est que ça, encore ?

BOULINGRIN

C'est de la mort aux rats. Goûtez ! Goûtez donc, tonnerre de Dieu ! Ça va vous fiche la colique.

DES RILLETTES

Je m'en rapporte à vous.

MADAME BOULINGRIN, à son mari.

Canaille !... Je n'en aurai pas le démenti ! — Buvez !

DES RILLETTES, menacé du verre de vin.

Non !

BOULINGRIN

Goûtez ça !

DES RILLETTES, menacé d'une cuillerée de soupe.

Jamais !

MADAME BOULINGRIN

Je vous promets que ça empeste !

BOULINGRIN

Je vous jure que c'est du poison ! (Ils se sont emparés de des Rillettes, et, de force, chacun d'eux avides d'avoir raison,

ils lui ingurgitent du potage mélangé avec du vin, cependant que l'infortuné, les dents obstinément serrées, oppose une héroïque défense.)

MADAME BOULINGRIN

Est-il bête !

BOULINGRIN

C'est curieux, cette obstination ! Puisque je vous dis que vous êtes fichu d'en claquer !

MADAME BOULINGRIN, à son mari.

Dis donc, quand tu auras fini de gaver monsieur des Rillettes !... Est-ce que tu le prends pour une volaille ?

BOULINGRIN

Et toi, le prends-tu pour une éponge ?

MADAME BOULINGRIN

Saleté !

BOULINGRIN

Gueuse !

MADAME BOULINGRIN

Peste !

BOULINGRIN

Choléra !... Et puis, tiens ! (De sa main lancée avec violence, il envoie à madame Boulingrin le contenu de son assiette.)

DES RILLETTES, qui a tout reçu.

Oh !

BOULINGRIN, s'excusant.

Pardon ! Simple inadvertance.

MADAME BOULINGRIN, folle de rage.

Goujat ! Ignoble personnage ! Tiens !

DES RILLETTES, ruisselant d'eau rougie.

Ah !

MADAME BOULINGRIN

Excusez. C'est bien sans l'avoir fait exprès. Là-dessus, nous allons en finir. (Elle tire de sa poche un revolver.) C'est toi qui l'auras voulu.

BOULINGRIN, terrifié.

A moi ! Au secours ! (Il se réfugie derrière des Rillettes.)

MADAME BOULINGRIN

Tu vas mourir !

DES RILLETTES, à Boulingrin qui s'est fait de lui un paravent.

Ah non, eh!... Lâchez-moi! Pas de blague!

BOULINGRIN, au comble de l'effroi.

Ne bougez pas, bon sang de bonsoir!

MADAME BOULINGRIN, ajustant.

Otez-vous, Monsieur des Rillettes!

BOULINGRIN

Non! Non!

MADAME BOULINGRIN

Otez-vous de là! Je tire.

BOULINGRIN

Restez! Je suis un homme perdu. Je la connais, elle est capable de tout! Protégez-moi, Monsieur des Rillettes! C'est à ma vie qu'elle en a!... Ah! la misérable! la gueuse! Au secours! Au secours!

MADAME BOULINGRIN

Ah! c'est comme ça! Vous ne voulez pas vous retirer? Eh bien! tant pis pour vous si vous y laissez votre peau! Il faut que ça finisse! Il faut que ça finisse! La mesure est comble! **gare l'obus!**

DES RILLETTES

Monsieur Boulingrin, par pitié!... Madame Boulingrin, je vous en prie!... Je ne veux pas mourir encore!... Ah! mon Dieu, quelle fâcheuse idée j'ai eue de venir passer la soirée!...

(Tumulte. Les trois personnages hurlent à l'unisson.)

14.

BOULINGRIN, brusquement.

Oh ! Quelle idée !... (Il souffle la lampe.) Vise-moi donc, maintenant !... (Nuit complète sur la scène, de même que dans la salle, et, du sein de ces ténèbres profondes, surgissent, en hurlements, les phrases suivantes :)

LA VOIX DE BOULINGRIN

Ah ! tu voulais m'assassiner ?... Pif ! (Bruit d'une gifle.)

LA VOIX DE DES RILLETTES

Oh !

LA VOIX DE MADAME BOULINGRIN

A mon tour... Paf !

LA VOIX DE DES RILLETTES

Ah !

TUMULTE NOCTURNE. (On entend : *Canaille ! Crapule ! Poison ! Escroc !* et le bruit de quatre nouvelles gifles, que l'infortuné des Rillettes reçoit, non sans protestations, les unes après les autres. Après quoi :)

LA VOIX DE MADAME BOULINGRIN

Et puis, feu ! (Coup de pistolet.)

LA VOIX DE DES RILLETTES, éploré.

Une balle dans le gras !!!

LA VOIX DE BOULINGRIN

Ah ! tu tires ? Eh bien, je casse la glace !

LA VOIX DE MADAME BOULINGRIN

Ah ! tu casses la glace ? Eh bien ! je casse la pendule !

LA VOIX DE BOULINGRIN

Ah! tu casses la pendule? Eh bien, je casse tout. (Des meubles culbutés s'écroulent.)

LA VOIX DE MADAME BOULINGRIN

Ah! tu casses tout? Eh bien, je mets le feu! (Galopades, hurlements.)

LA VOIX DE DES RILLETTES

Faites donc attention, nom de Dieu! Vous me marchez sur la figure!

LA VOIX DE BOULINGRIN

Chamelle!

LA VOIX DE MADAME BOULINGRIN

Enfant de coquine!

LA VOIX DE BOULINGRIN

Fille de voleur!

LA VOIX DE MADAME BOULINGRIN

Gredin! (Des Rillettes soupire douloureusement et geint. Soudain, par les portes ouvertes, du fond et des côtés c'est la lueur rouge de l'incendie. La scène s'éclaire d'une teinte de sang.)

DES RILLETTES, affolé.

L'incendie!!! Au feu! Au feu! (Il se précipite vers le fond; mais, juste comme il va sortir, survient Félicie, un seau d'eau à la main, accourue pour porter secours.)

FÉLICIE

Le feu?... Voilà! (Elle lance le contenu de son seau à toute volée.)

Des Rillettes, inondé des pieds à la tête, bondit en arrière, tombe assis sur une table dont un tapis habillait la vieillesse, et qui aussitôt, sous le poids, crève comme un cerceau de cirque.

DES RILLETTES, qui disparaît :

Charmante soirée !

(La scène s'achève dans le vacarme assourdissant d'une maison livrée à des fous, cependant qu'au dehors, la pompe, qui se rapproche au grand galop de son attelage, meugle lugubrement deux notes, toujours les mêmes.)

Mais soudain :

BOULINGRIN, apparu sur le seuil de la pièce et qui se détache en noir cru sur la clarté d'un feu de bengale :

Ne vous en allez pas, Monsieur des Rillettes. Vous allez boire un verre de champagne.

RIDEAU

Grand Guignol : 18 Septembre 1897.

Théodore cherche des allumettes

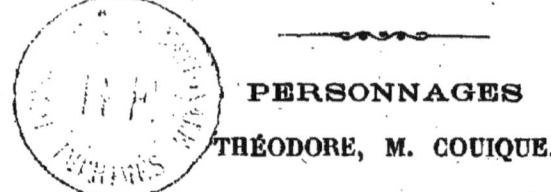

PERSONNAGES

THÉODORE, M. COUIQUE.

Une salle à manger, trois portes dont une au fond, donnant sur l'escalier ; une à gauche, ouvrant sur la chambre de Théodore, la troisième à droite, ouvrant sur l'appartement de M. Couique. A droite, un buffet à deux corps, dont la partie supérieure est praticable. En face, à gauche, une cheminée dont le tablier est levé.

SCÈNE PREMIÈRE

THÉODORE, à la cantonade.

Ah ça ! mais quel étage que je suis ?... Bon sang de sort, en v'là une affaire !... j'sais pùs quel étage que je suis !... Va falloir que je redescende !... Soupé... Je vas demander au concierge... (Hurlant.) Concierge !! Concierge !!! Concierge !!!!! Rien de fait. (A tue-tête.) Concierge !... Il ne répond pas. (Bruit de fer-blanc heurté.) Une boîte au lait ?... Une idée !... je vas compter les paliers au passage !... (On l'entend décrocher la boîte qu'il lance, à toute volée, du haut en bas de l'escalier.) Un... Deux... Trois... Je suis chez nous.

UN LOCATAIRE, à la cantonade.

Cela ne va pas finir cette vie-là ? On ne peut pas dormir ici ! Je vais vous faire fiche congé par le propriétaire. C'est insupportable, à la fin. (La porte se ferme brusquement. Un temps, puis.)

THÉODORE, toujours invisible.

Va donc, hé ! (Bruit d'une clef qu'on essaie de mettre dans une serrure, la clef tombe.) Zut ! (Même jeu.) Zut !

A ce moment.

LA VOIX DU VOISIN DE PALIER

Allez-vous nous foutre la paix ? On ne peut pas dormir, nom de Dieu !

THÉODORE

J' dis rien !

LE VOISIN

Encore saoul ; naturellement ! Vous croyez que c'est pas malheureux ! Un crapaud de c't' âge-là, rentrer dans des états pareils !

THÉODORE

... ma clef qui tombe.

LE VOISIN

Votre clef !

THÉODORE

Oui, ma clef !

LE VOISIN

Ça suffit !

THÉODORE

C'est-y de ma faute à moi, si j'ai pas d'allumettes ?

2ᵉ VOISIN

Je vous dis que vous êtes saoul ! Propre à rien Saligaud ! Vous allez voir, demain matin, si je ne le dis pas à votre père.

THÉODORE

... bien égal !

2ᵉ VOISIN

Sans cœur ! Galopin ! Et puis qu'elle tombe encore, vot' clef ! qu'elle tombe encore ! C'est à moi que vous aurez affaire ! — Quelle sale génération, bon Dieu !
(Bruit d'une porte violemment refermée.)

THÉODORE, après un silence.

Va donc, eh ! (Nouveaux grincements de clef dans la serrure, puis apparition de Théodore, par la porte entrepoussée. C'est un collégien de dix-sept à dix-huit ans, au visage blême de crétin éreinté. Il porte le képi de Saint-Louis. Sa tunique pincée sur ses hanches, d'un bouton, lui fait une taille d'abeille.) Où sont les allumettes ? C'est rigolo, c'toss...ination à me cacher les allumettes. — Dirait-on pas que je vas mettre le feu ? J'ai une tête à mettre le feu ?... J' suis pas un enfant ; le diable y serait !... Je sais me conduire dans l'existence. — (Il dit et s'étale bruyamment. Sur quoi, avec le plus grand calme...) Pas moi qui glisse,... c'est le parquet. (Se redressant péniblement.) Oh ! c'est que moi j'ai ça d'agréable ; je peux avoir mon compte bien pesé... pas moyen qu'on s'en aperçoive. Bon œil, bon pied ; et pas le moindre embarras dans la langue !... sauf pour certains mots difficiles, comme, par exemple... l'oss... ination. — C'est pas que je ne puisse pas les dire ! Non ! c'est que, véritablement, on ne peut pas les prononcer. La langue française est pleine de difficultés. Tous les étrangers vous le diront. (Cependant, de ses mains hésitantes d'aveugle, il heurte le bord de la table. Satisfait.) La cheminée ! Le porte-allumettes n'est pas loin. — Ah ! le voilà ! (Il plonge ses doigts dans l'encrier. Surpris.) Non! (Il goûte.) C'est un œuf. Si je connaissais l'imbécile qui m'a fichu un œuf sur ma cheminée, je lui apprendrais mon nom de baptême. Y a

pas de bon sens. Une cheminée, c'est pas une place à mett' des œufs. (Un temps.) J'ai rudement rigolé, cré nom! Trouduc a été épailant!... sauf quand il a voulu

entrer dans un fiacre en passant par la lanterne!...
(Egayé.) Croyez-vous, non, mais croyez-vous, cette

idée d'entrer dans un fiacre en passant par la lanterne!... (Ses doigts, qui errent à l'aventure, rencontrent les

172 LES MARIONNETTES DE LA VIE

panneaux supérieurs du buffet.) La fenêtre !... Si je donnais un peu d'air. (Il ouvre tout grand le buffet, et demeure planté, s'éventant, aspirant avec délice l'haleine d'une nuit embaumée.

A la fin.) Drôle de printemps ! Il fait noir comme dans un four et ça sent le gruyère à plein nez... Jamais vu un mois de mai pareil !

SCÈNE II

THÉODORE, M. COUIQUE.

M. COUIQUE, *apparaissant par la porte de droite.*

Je crois que j'ai entendu du bruit. (Il est en chemise et en savates. Il tient une bougie à la main.)

THÉODORE, *à part.*

Oh! papa!

M. COUIQUE, *stupéfait.*

Mais c'est Théodore...

THÉODORE, *avide de ne pas se compromettre.*

... soir...

M. COUIQUE

Qu'est-ce que tu fais là ?

THÉODORE

... cherche des allumettes.

M. COUIQUE

C'est trop fort !... Tu te fiches du monde, de rentrer à des heures pareilles ?

THÉODORE

... pas tard.

M. COUIQUE

Pas tard ! Il est trois heures.

THÉODORE, qui se méprend.

S'il était trois heures, il ferait jour.

M. COUIQUE

Il est trois heures du matin, je te dis !... C'est la cinquième fois que je te pince à rentrer à des heures indues ; je te préviens que j'en ai assez. La prochaine fois qu'il t'arrivera de rentrer plus tard que minuit, je te refourrerai à Saint-Louis ; tu y finiras tes vacances !... Bougre de polisson !... Chenapan !... D'abord d'où viens-tu ?

THÉODORE

Tu dis ?

M. COUIQUE

D'où viens-tu ?

THÉODORE

J'ai dîné en ville.

M. COUIQUE

Où ça ?

THÉODORE, haut.

Rue... (A part.) Un mot difficile !... (Haut.) Rue...

M. COUIQUE

Rue quoi ?

THÉODORE, lassé de se débattre contre un mot qui ne veut rien savoir.

As-tu remarqué comme la langue française est bête ?

M. COUIQUE

Qu'est-ce qui te prend?

THÉODORE

Je constate un fait.

M. COUIQUE, exaspéré.

Je vais te flanquer mon pied au derrière. Qui est-ce qui m'a bâti un Ostrogoth pareil? Je lui demande où il a dîné, il me répond : « Je constate un fait!... » Me prends-tu pour un Cassandre?

THÉODORE, protestant.

Oh!

M. COUIQUE

Où as-tu dîné à la fin?

THÉODORE

Rue de... iroénil.

M. COUIQUE

Comment?

THÉODORE

Rue de... iroénil.

M. COUIQUE

Rue de Miroménil? (Théodore souriant approuve de la tête.) Tu ne peux pas ouvrir la bouche? Et ensuite, qu'est-ce que tu as fait? — car tu n'es pas resté à table jusqu'à trois heures du matin, je pense?

THÉODORE

... été avec des camarades entendre de la grande musique.

M. COUIQUE

Où ?

THÉODORE

A Montmartre.

M. COUIQUE

Quelle rue ?

THÉODORE, qui s'applique en vain à prononcer ces mots : « Rue de la Tour-d'Auvergne. »

Rue de la Tour-d'Au... rue de la Tour-d'Au... rue de la Tour-d'Au... Dis donc ?

M. COUIQUE

Quoi ?

THÉODORE

Y a pas des moments où tu regrettes de ne pas être Espagnol ?

M. COUIQUE

A cause ?

THÉODORE

A cause de cette saleté.

M. COUIQUE

Quelle saleté ?

THÉODORE

... saleté de langue française.

M. COUIQUE

Ça recommence !

THÉODORE

Mais dame.

M. COUIQUE, effleuré d'un soupçon.

Regarde-moi donc un peu... Ah! ça, le diable m'emporte, tu es saoul comme une bourrique!

THÉODORE

Moi?

M. COUIQUE

Tu sens le bouchon à en tomber asphyxié! Ça, par exemple, c'est le bouquet... Ma canne!

THÉODORE

J'ai bu qu'une gomme.

M. COUIQUE

Vaurien!... Un cancre pour lequel je m'impose des sacrifices, qui n'a même pas trouvé le moyen de décrocher un accessit à la distribution des prix, et qui, par-dessus le marché, vient traîner son intempérance jusque sous les lambris de la maison paternelle!

THÉODORE

Si je trouve pas les allumettes, moi?

M. COUIQUE

Au lit!...

THÉODORE

... pas bien ce que tu fais là!

M. COUIQUE

Au lit !

THÉODORE

... profites de ce que tu es mon père pour m'abreuver d'hum... d'hum... d'hum... (Lutte valoureuse de Théodore avec le mot « humiliation ».)

M. COUIQUE

D'hum... d'hum... Tiens !...

THÉODORE, les fesses sonnées d'un coup de savate retentissant.

L'enfant martyr ! (Il disparaît par la porte de gauche.)

M. COUIQUE, seul.

Soixante ans de vertu !... Toute une vie de probité, d'abnégation et de devoir !... Voilà ta récompense, vieux ! Voilà ton œuvre !... Voilà ton fils ! (Long soupir.) Ton fils !... (Il élève vers le ciel des regards de douleur, après quoi :) Heureusement, on n'est jamais sûr ! (Il sort par la droite. La scène demeure vide.)

SCÈNE III

THÉODORE

THÉODORE reparaît. De ses deux mains il frotte son fossier meurtri.

Ce vieillard m'a maudit ! (Il pleure, puis, sans transition.) J'ai rudement rigolé.... Personne ne peut se faire une

idée à quel point j'ai rigolé!... J'ai rigolé comme pas un client au monde ne peut dire qu'il a rigolé. Je le jure... (Il étend le bras et rencontre la lampe qu'il culbute.) — Zut!...

j'ai cassé le pot à eau!... — sur la tombe de ma grand'mère; et le premier qui n'est pas de mon avis n'a qu'à venir me le dire en face. Je lui apprendrai

mon nom de baptême! Ah ça, mais je vois rien du tout, moi!... Est-ce que je vas passer la nuit à chercher des allumettes?... Rosse de femme de ménage qui me les a cachées exprès pour me faire des blagues. Elle aura de mes nouvelles, la femme de ménage... C'est le jour de l'an dans huit mois... tu parles si j'y fous des étrennes!... la peau, oui! et mon nom de baptême, avec les trente-deux manières de s'en servir. Où qu'c'est qu'elle a pu les fourrer?... Où qu'c'est qu'elle a pu les fourrer?... (Il s'accroupit, et, à quatre pattes, il rôde autour des pieds de la table.)
Chantant :)

> Pour boire à notre belle France,
> Amis, versez-moi du veau froid.

Avec ça, j'ai comme une idée que j'ai reçu un coup de pied dans le cul... Seulement, où?... (Il rêve longuement.) Ah! dans la table de nuit!... La v'là la table de nuit!... (Il entre dans la cheminée et secoue la plaque avec son dos.) L'orage!... Drôle de table de nuit!... Il y fait autant de courants d'air que sur la porte Saint-Martin. (Rentrée en scène de M. Couique, toujours en bannière et le bougeoir à la main.)

SCÈNE IV

THÉODORE, M. COUIQUE.

M. COUIQUE

Qu'est-ce qu'il fabrique? Quest-ce qu'il fabrique?... Personne! J'aurais pourtant bien cru... (Apercevant l'alcôve.) **Au fait !...** (Il dépose son bougeoir sur le marbre de la cheminée et passe derrière les rideaux. Au même instant,

Théodore émerge de l'âtre, le derrière le premier, arc-bouté sur les paumes.)

M. COUIQUE, dans l'alcôve.

Pas de Théodore ! — Théodore !

THÉODORE, effaré.

Eh !

Il se dresse de son mieux en s'aidant de sa main au marbre de la cheminée. Malheureusement, il a mal calculé son coup, en sorte qu'il éteint la bougie de ses doigts en quête d'un appui.

THÉODORE, les doigts grillés.

Oh ! (Stupéfait.) C'est épatant; ça !... Qui est-ce qui a allumé une bougie ?

M. COUIQUE, reparaissant dans l'écartement des rideaux.

Qui est-ce qui a éteint la lumière ?

THÉODORE

On a parlé !

M. COUIQUE

Eh là ?

THÉODORE, très inquiet.

Je parie que c'est un voleur.

M. COUIQUE

Gredin de Théodore, tu vas me payer ça. Que je trouve seulement des allumettes !... (Il effleure l'encrier de ses doigts.) Ah !... (Il plonge son doigt dans l'encrier.) Non !... Où diable ai-je mis mon doigt ? Tu vas voir, va, Théodore !... Tu vas voir, gredin de Théodore !... Des allumettes, j'en ai sur ma table de nuit...

THÉODORE, sur le seuil de la chambre paternelle.

L'escalier ! Je vas chercher les flics !...

M. COUIQUE, heurtant, puis entr'ouvrant la porte de l'escalier.

Bon ! Voici ma chambre à coucher. (Il sort sur le palier. Par la porte restée ouverte on le voit tâtonner la rampe.) Qu'est-ce que c'est que ça ?... mon pied de lit ?

THÉODORE, à la cantonade.

C'est curieux ! Je trouve pas la rampe ! Faut croire

THÉODORE CHERCHE DES ALLUMETTES 183

qu'on l'aura chipée. Je vas prévenir le concierge. (Hurlant.) Concierge !...

M. COUIQUE, sursautant.

Eh !... Gredin de Théodore !... (La face tournée vers l'escalier). Vas-tu te taire, animal !...

LA VOIX DE THÉODORE

Concierge !...

M. COUIQUE

Vas-tu te taire ?

LA VOIX DE THÉODORE

Concierge !... Concierge !...

M. COUIQUE, la main furieusement tapée à la rampe de l'escalier.

Les allumettes, donc ! bon Dieu ! (A ce moment la porte du palier se rouvre, et, de nouveau, la voix du locataire grincheux emplit la cage de l'escalier.)

LE LOCATAIRE, exaspéré.

Encore !... Ah ! ça, est-ce que vous croyez que ça va durer toute la nuit ?

M. COUIQUE, stupéfait.

Qu'est-ce que c'est que ça ?

LE LOCATAIRE

Ça, c'est un monsieur qui va vous foutre des gifles. (Bruit d'une gifle.)

M. COUIQUE

Ah ! crebleu !

LE LOCATAIRE

Je vous avais prévenu. (Toute la fin de l'acte est jouée dans un brouhaha confus de portes ouvertes, puis refermées. A la voix de M. Couique hurlant : « A l'assassin ! » d'autres voix se mêlent, confondues. On entend : « C'est bien fait ! Tapez dessus ! Il ne l'a pas volé ! » Cependant que le locataire répète : « Proparien ! Chenapan ! Débauché ! » que, du bas de l'escalier, le concierge vocifère : « Faut-y que j'aille vous aider, là-haut, » et que Théodore, rentré en scène, continue à demander : « Où diable que la femme de ménage a pu fourrer les allumettes ?... »

Au loin, une horloge sonne quatre heures.

RIDEAU

Un Client sérieux

Carillon : 24 Août 1896.

Un Client sérieux

PERSONNAGES

BARBEMOLLE.
LAGOUPILLE.
MAPIPE.
LE PRÉSIDENT.
LE SUBSTITUT.

M. ALFRED.
L'HUISSIER.
1er ASSESSEUR.
2º ASSESSEUR.

Entrée de l'huissier, qui monte les gradins de l'estrade du tribunal et dispose les dossiers sur la tribune réservée aux juges. Presqu'aussitôt, arrivée du substitut. Il est en bourgeois. Il a sa serviette sous le bras et son chapeau sur la tête.

SCÈNE PREMIÈRE

L'HUISSIER, LE SUBSTITUT

L'HUISSIER

Monsieur le Substitut, j'ai l'honneur de vous présenter mes hommages.

LE SUBSTITUT

Bonjour, Loyal. Vous avez l'*Officiel*?

L'HUISSIER

Non, Monsieur le Substitut.

LE SUBSTITUT

Depuis ce matin, je bats tous les kiosques de Paris ; pas moyen de mettre la main dessus.

L'HUISSIER

Ça ne m'étonne pas ; il ne sera mis en vente qu'à midi. C'est dans *Le Matin*, en dernière heure.

LE SUBSTITUT

Il est arrivé quelque chose?

L'HUISSIER

Un accident comme on allait mettre sous presse. Toute une forme en pâte.

LE SUBSTITUT

Charmant!... Ces choses-là sont faites pour moi. Enfin!... Pensez à me l'envoyer acheter aussitôt qu'il sera mis en vente.

L'HUISSIER

Comptez sur moi.

LE SUBSTITUT

J'ai hâte de voir les nouvelles.

L'HUISSIER

Vous êtes décoré?

LE SUBSTITUT

Décoré?... C'est-à-dire que je suis sacqué, probablement.

L'HUISSIER, abasourdi.

Non?

LE SUBSTITUT

Je vous dis qu'à moins d'un hasard, mon décret de révocation a dû être soumis ce matin à la signature présidentielle.

L'HUISSIER

Qu'est-ce qui se passe?

LE SUBSTITUT

Il se passe que, depuis huit jours, l'*Intransigeant* mène contre moi une campagne.

L'HUISSIER

A cause?

LE SUBSTITUT

A cause que le cousin du gendre du beau-frère de ma belle-sœur a décidé sa tante à mettre son filleul aux Jésuites de Vaugirard.

L'HUISSIER

Zut!...

LE SUBSTITUT

J'en suis comme un fou, je vous dis... D'ailleurs, je sais de qui vient le coup.

L'HUISSIER

De qui?

LE SUBSTITUT

De Barbemolle, parbleu! Misérable plaidaillon, avocat sans cause, canaille! Voilà des mois que je le surveille, que j'assiste, sans souffler mot, à son petit travail de termite. Pistonné par les radicaux au Ministère de la Justice, il a obtenu du Garde des Sceaux la promesse d'être nommé substitut à Paris, dès que se produira une vacance. Alors, il fait tout ce qu'il peut pour faire un trou au Parquet.

L'HUISSIER, qui a mal compris.

Il veut faire un trou au parquet?

LE SUBSTITUT

Oui.

L'HUISSIER

Pour regarder ce qui se passe?

LE SUBSTITUT

J'ai de la peine à me faire comprendre. Je ne vous dis pas au parquet; je vous dis au Parquet! Le Parquet!... Vous ne savez pas ce qu'on appelle Le Parquet?

L'HUISSIER

Ah! pardon!

LE SUBSTITUT, très nerveux.

Polisson! Mendiant! Non, mais qu'il l'ait jamais, ma place! J'ai des amis au *Figaro*, je lui ferai savoir comment je m'appelle, vous verrez si ça traînera.

L'HUISSIER

Vous aurez rudement raison. Silence, le voici.

LE SUBSTITUT, entre ses dents.

Pied-plat! Drôle! Ah! et puis j'aime mieux m'en aller. Je serais fichu de faire des bêtises. (Il descend de l'estrade et se dirige vers la droite. Barbemolle, en robe et en toque, vient justement du même côté. Les deux hommes se croisent et se saluent avec une extrême froideur. Monsieur!...

BARBEMOLLE

Monsieur!...

Sortie du substitut.

SCÈNE II

BARBEMOLLE, L'HUISSIER

BARBEMOLLE, serrant la main à l'huissier.

Ça va bien?

L'HUISSIER

Eh! Eh! mon gaillard.

BARBEMOLLE

Qu'est-ce qu'il y a?

L'HUISSIER

On sait de vos histoires.

BARBEMOLLE

Quelles histoires?

L'HUISSIER

On veut donc chiper sa petite place à ce brave monsieur de Saint-Pol-Mépié?

BARBEMOLLE

Mais non, mais non!

L'HUISSIER

Sournois!... On dit que le décret a été soumis ce matin au Président de la République.

BARBEMOLLE

Des blagues, tout ça; des potins!... Tenez, passez-moi donc la feuille. (L'huissier lui donne la feuille d'audience qu'il est allé chercher sur le bureau du tribunal.) — Comment! deux affaires au rôle?

L'HUISSIER

Mon Dieu, oui.

BARBEMOLLE

Ah ça! on n'arrête plus personne! C'est le krach des prévenus, ma parole d'honneur.

L'HUISSIER

Peut-être que le monde s'améliore.

BARBEMOLLE

Ne dites donc pas de choses pareilles. Qu'est-ce que nous deviendrions, nous autres?

L'HUISSIER

C'est vrai, je ne pensais pas à ça.

BARBEMOLLE

Encore vous, les huissiers...

L'HUISSIER

Oh! nous, nous sommes tranquilles; tant que le monde sera monde, il y aura des honnêtes gens et nous trouverons à gagner notre vie en instrumentant contre eux.

BARBEMOLLE, égayé.

Gredin!

L'HUISSIER, même jeu.

Canaille!

BARBEMOLLE, lui tapant sur le ventre.

Voleur!

L'HUISSIER, même jeu.

Fripouille!

Ils rient.

LAGOUPILLE, dans l'auditoire.

Pour être jugé?

SCÈNE III

Les Mêmes, LAGOUPILLE

L'HUISSIER

C'est ici. Qu'est-ce que vous voulez?

LAGOUPILLE

Je suis cité. (Il montre sa citation.)

L'HUISSIER

Approchez un peu, que je voie!

BARBEMOLLE, bas à l'huissier.

Tâchez de me faire avoir l'affaire.

L'HUISSIER, bas.

Laissez! Je vas vous enlever ça.

LAGOUPILLE, qui a escaladé l'estrade du tribunal.

V'là mon petit papier.

L'HUISSIER, lisant.

« Lagoupille, Oscar, Ildefonse ». C'est bien! Allez vous asseoir. — Ah! Lagoupille!... (Lagoupille, qui avait fait volte-face, se retourne.) Vous avez un avocat?

LAGOUPILLE

Non, je n'en ai pas.

L'HUISSIER

Il faut vous en procurer un.

LAGOUPILLE

Vous croyez?

L'HUISSIER

C'est indispensable.

LAGOUPILLE

Où que ça s'vend?

L'HUISSIER

Vous avez de la chance. Voici maître Barbemolle, une des lumières du barreau!

LAGOUPILLE, qui s'incline devant Barbemolle.

Monsieur !

BARBEMOLLE, assis au banc de la défense et plongé dans la lecture de dossiers fantaisistes.

Bonjour.

L'HUISSIER

Maître Barbemolle, je vous présente un client.

BARBEMOLLE, très net.

Impossible ! Mille regrets !

L'HUISSIER

Pourquoi ?

BARBEMOLLE

Je suis trop occupé. J'ai de la besogne par-dessus la tête.

L'HUISSIER

Un bon mouvement, sacristi.

BARBEMOLLE

Non.

L'HUISSIER, suppliant.

Faites-le pour moi !

BARBEMOLLE

Le diable vous emporte, mon cher ! C'est bien pour vous être agréable ! (A Lagoupille.) De quoi s'agit-il, mon garçon ?

LAGOUPILLE

Monsieur, je vais vous expliquer. C'est un bonhomme à qui j'ai mis un marron. Alors il me fait un procès.

L'HUISSIER

C'est intéressant à plaider.

BARBEMOLLE, rêveur.

Oui!... Le cas est assez nouveau; ça me décide. C'est entendu, je me charge de votre affaire

LAGOUPILLE

Parfait! Qu'est-ce que ça va me coûter?

BARBEMOLLE

En principe, je ne plaide pas à moins de cinq cents francs; mais vous avez une figure qui me revient, vous me faites l'effet d'un brave homme; pour vous ce sera un louis.

LAGOUPILLE

Un louis ! (Montrant son chapeau de paille.) Mais, Monsieur, voilà un chapeau qui ne me coûte que trente-neuf sous.

BARBEMOLLE

Quel rapport ça a-t-il?

LAGOUPILLE

Le rapport que je n'irai pas payer un louis pour avoir un avocat, quand je peux avoir un chapeau pour un franc quatre-vingt-quinze.

BARBEMOLLE

Enfin, combien offrez-vous?

LAGOUPILLE

Six francs. Pas un liard de plus.

BARBEMOLLE

Mettez-en dix.

LAGOUPILLE

Nib !

BARBEMOLLE

Mettez-les, et je vous arrange votre bonhomme, vous m'en direz des nouvelles.

LAGOUPILLE, séduit, à l'huissier.

Sans blague ?

L'HUISSIER

Marchez donc, eh ! farceur ! Puisque je vous dis que M° Barbemolle est une des lumières du barreau.

LA GOUPILLE, décidé.

Allez ! Rossard qui s'en dédit.

BARBEMOLLE

Faites passer la galette !.. (Lagoupille s'exécute.) Merci !

Coup de sonnette.

L'HUISSIER

Le tribunal entre en séance ! (A Lagoupille.) Filez ! Filez !

UN CLIENT SÉRIEUX   201

LAGOUPILLE

Où faut-y que j'aille?

L'HUISSIER, lui indiquant une place dans la salle.

Là-bas! Il y a une place vacante. Je vais vous appeler dans une minute.

Entrée du tribunal.

SCÈNE IV

LES MÊMES, LES MAGISTRATS

L'HUISSIER

Le tribunal!

Les magistrats solennellement, se rendent à leurs places respectives.

LE PRÉSIDENT

L'audience est ouverte. (A ce moment, le juge de droite se penche vers lui et lui parle à l'oreille.) Très bien, mon cher, c'est entendu. — Messieurs, notre collègue Tirmouche, appelé à Pithiviers par d'impérieux devoirs et esclave de l'heure du train, sollicite la remise à huitaine de la première des deux affaires soumises à notre juridiction.

LE SUBSTITUT, que le Président a interrogé du regard.

Ça fera la quatrième remise.

LE PRÉSIDENT

Je le regrette infiniment, mais que voulez-vous que j'y fasse? De quoi s'agit-il au juste?

LE SUBSTITUT, consultant le dossier.

C'est une espèce de farceur qui a été arrêté le dimanche des Rameaux, devant Notre-Dame-de-Lorette, vendant du cresson pour du buis.

LE PRÉSIDENT

Ça peut attendre. — Appelez, huissier!

L'HUISSIER, appelant.

Le Ministère Public contre Jean-Paul Mapipe. Mapipe! (Entre Mapipe!)

SCÈNE V

Les Mêmes, MAPIPE

MAPIPE

Un avocat! Un avocat!

LE PRÉSIDENT

Eh! là! Eh! là! Pas tant de bruit, s'il vous plaît!

MAPIPE

Trois remises, messieurs et dames !... Trois remises !... Un mois que je suis en prévention !

LE PRÉSIDENT

Taisez-vous ! Quant à un avocat...

MAPIPE

Et remarquez que je l'ai fait bénir !... C'était du cresson bénit.

LE PRÉSIDENT

Quant à un avocat !...

MAPIPE

Du cresson bénit, c'est pus comme de la salade.

LE PRÉSIDENT

Quant à un avocat, dis-je, le tribunal va vous en désigner un d'office. — Maître Barbemolle !

BARBEMOLLE, se levant.

Monsieur le Président ?

LE PRÉSIDENT

Le tribunal, rendant hommage à vos mérites ainsi qu'à votre éloquence, vous charge des intérêts et de la défense du prévenu.

Barbemolle salue.

LE PRÉSIDENT

Le renvoi à plus tard qu'a sollicité de nous l'honorable M. Tirmouche, vous mettra en mesure d'étudier l'affaire avec tout le soin qu'elle mérite. — Mapipe ?

MAPIPE

Qu'est-ce qu'il a fait, Mapipe ?

LE PRÉSIDENT

J'ai une nouvelle à vous apprendre. Des circonstances indépendantes de sa volonté ont déterminé le tribunal à ne pas vous entendre aujourd'hui. L'affaire est remise à huitaine.

MAPIPE

Encore ?... Une quatrième remise ? Ah ça ! vous vous payez ma gueule !

LE PRÉSIDENT, à Barbemolle.

Maître, dans son intérêt même, engagez donc votre client à s'exprimer d'une façon plus convenable.

BARBEMOLLE

Je sollicite l'indulgence en faveur de ce pauvre diable. Voilà un mois qu'il est sous... (Il laisse échapper sa serviette et se baisse pour la ramasser.)

MAPIPE, prenant l'auditoire à témoin.

Moi ? Je suis saoul ?...

BARBEMOLLE, achevant sa phrase.

... sous les verrous, et son impatience légitime en dit plus long pour sa défense que tous les arguments du monde. Au surplus, nous sommes, lui et moi, aux ordres du tribunal. Je me bornerai à faire remarquer qu'il me sera impossible de prendre la parole d'aujourd'hui en huit ; je pars lundi pour Carcassonne où je plaide le procès Baloche.

LE PRÉSIDENT

Fort bien, maître. A quinzaine, alors.

L'HUISSIER, dans l'auditoire, sa toque à la main

Je ferai remarquer à mon tour, que dans quinze jours, ce sera la semaine de la Pentecôte, pendant laquelle les tribunaux ne siègent pas.

LE PRÉSIDENT

Ah ! Diable !... (Courte réflexion.) Ma foi, Messieurs, nous n'y pouvons rien. — A trois semaines !

LE JUGE FOY DE VAUX, avec douceur.

Non.

LE PRÉSIDENT, surpris.

Pourquoi ?

LE JUGE FOY DE VAUX

J'ai sollicité et obtenu du Garde des Sceaux un congé de deux mois pour raisons de santé. Or, la loi frappe de nullité tout jugement rendu par un tribunal composé d'autres magistrats que ceux ayant siégé à la première audience.

LE PRÉSIDENT

C'est rigoureusement exact. Eh bien, mon cher collègue, nous attendrons votre retour pour statuer sur l'affaire Mapipe.

MAPIPE

Ce qui nous renvoie en août.

LE PRÉSIDENT

Oui !... Et encore non ; je me trompe. Août, c'est l'époque des vacances.

BARBEMOLLE

Renvoyons après vacations.

LE SUBSTITUT

Il n'y a que ça à faire.

LE PRÉSIDENT

Mon Dieu, oui ! (Consultant ses assesseurs.) Hé ? Hé ? (Haut.) Après vacations !...

MAPIPE, emmené par les municipaux.

Cré bon Dieu de bonsoir de bon Dieu de vingt dieu de bon Dieu de sacré nom de Dieu du tonnerre de Dieu de bon Dieu !

Sa voix se perd.

BARBEMOLLE

Voyons, Mapipe ! Voyons, Mapipe ! Ne vous faites donc pas de bile comme ça... Est-ce que je m'en fais, moi ?

SCÈNE VI

Les Mêmes, moins MAPIPE

LE PRÉSIDENT
Terrible braillard !

LE SUBSTITUT
En effet.

LE PRÉSIDENT
Ça ne fait rien, voilà une question tranchée. Nous allons passer sans plus de délai à l'examen de la seconde affaire.

LE SUBSTITUT
Avant d'en commencer les débats, je prierai Monsieur le Président de vouloir bien demander à l'huissier s'il m'a envoyé acheter l'*Officiel*.

LE PRÉSIDENT, à l'huissier.
Vous avez entendu la question ?

L'HUISSIER, au substitut.
Pas encore, Monsieur le Substitut ; je vais y envoyer à l'instant même le municipal de garde.

LE SUBSTITUT
Je vous serai obligé.

LE PRÉSIDENT, au substitut.
Vous n'avez pas besoin d'autre chose ?

LE SUBSTITUT

Non, Monsieur le Président, merci !

LE PRÉSIDENT

Alors, nous pouvons commencer. Huissier, appelez.

L'HUISSIER

Lagoupille !

LAGOUPILLE, dans l'auditoire.

Lagoupille ? Présent !

L'HUISSIER

Alfred !

ALFRED, dans l'auditoire.

C'est moi !

L'HUISSIER

Approchez. (A Lagoupille). Passez devant !

LAGOUPILLE

Merci bien, Monsieur l'Huissier ; je me souviendrai comme vous avez été poli avec moi. Quant à vous, Monsieur Alfred, vous vous conduisez comme un cochon. Et ça, il n'y a pas d'erreur. C'est un galant homme qui vous le dit.

LE PRÉSIDENT

Qu'est-ce qu'il y a donc, là-bas ?

LAGOUPILLE

Il y a que M. Alfred se conduit comme un cochon.

LE PRÉSIDENT

Vous, vous allez commencer par vous taire. Vous répondrez quand on vous questionnera.

ALFRED

Bravo ! C'est trop fort, ça, aussi, d'être insulté par une canaille.

LAGOUPILLE

Une canaille !

LE SUBSTITUT

Je vais être obligé de sévir.

ALFRED, à Lagoupille.

Ah ! vous entendez ?

LE SUBSTITUT

Contre vous !

LAGOUPILLE

Ça, c'est tapé.

LE PRÉSIDENT

On ne vous demande pas votre avis.

ALFRED

On a rudement raison.

LE SUBSTITUT

Ni le vôtre non plus.

LAGOUPILLE

Très bien.

LE PRÉSIDENT

Silence, Lagoupille !

LAGOUPILLE

Je ne dis rien.

ALFRED

On n'entend que lui.

LE PRÉSIDENT

Alfred, voulez-vous vous taire ?

ALFRED

C'est ce que je fais.

LAGOUPILLE

On ne le dirait pas.

LE PRÉSIDENT

Huissier !

L'HUISSIER

Monsieur le Président ?

LE PRÉSIDENT

Le premier de ces deux hommes qui ouvre encore la bouche, flanquez-le-moi à la porte.

LAGOUPILLE et ALFRED

Ça sera rudement bien fait.

LE SUBSTITUT

Nous n'en sortirons pas.

Ensemble.
ALFRED

Est-ce que ça me regarde, moi ? Il ne manquerait plus que cela qu'on me flanque à la porte parce que M. Lagoupille s'obstine à vouloir parler quand on lui a dit de se taire.

LAGOUPILLE

Mais, Monsieur, ça n'est pas moi ; on me dit de me taire, je me tais. C'est M. Alfred qui dit comme ça que l'huissier fera bien de me flanquer à la porte, si je ne veux pas fermer mon seau de propreté.

A ce moment.

Ensemble.
ALFRED

Tenez, l'entendez-vous ? Et patiti. Et patata. Et je t'en dis. Et je t'en raconte ! Quelle pie borgne, bon Dieu ! Quelle pipelette !

L'HUISSIER

Vous avez entendu ce que vient de dire M. le Président. Si vous ne vous taisez pas, je vais vous faire sortir !

LAGOUPILLE

C'est un peu raide, ça, aussi ! Et le plus chouette, c'est que c'est lui qui ne veut pas fermer le sien.

ALFRED

Vrai, alors, celui qui lui a coupé le filet ne lui a pas volé ses quatre sous ; ça, on peut le dire. Ce n'est pas pour me vanter, mais j'ai connu dans ma vie bien des moulins à paroles ; je veux être changé en saucisse plate si j'ai jamais vu le pareil. Il ne se taira pas, je vous dis qu'il ne se taira pas ! Il parlera comme ça jusqu'à demain.

LAGOUPILLE

Vous direz ce que vous voudrez, mais on n'a pas idée de ça en province. Un homme qui se conduit avec moi comme le dernier des cochons, et qui me fait engueuler par-dessus le marché ! Comment trouvez-vous le bouillon ? Zut, alors ! C'est épatant ! A c't' heure, c'est moi qu'on engueule, et c'est lui qui parle tout le temps.

LE SUBSTITUT

J'invite le défenseur à faire taire son client. Nous ne pouvons pas juger sainement, si les parties adverses s'obstinent à vouloir s'expliquer toutes les deux à la fois. Qu'est-ce que vous dites ?... La partie civile ?... Je vous demande pardon, ce n'est pas la partie civile. Quoi ?... Pas du tout ! c'est votre client ! Je vous dis que c'est votre client ! Je sais ce que je dis, peut-être.

BARBEMOLLE

J'en demande bien pardon à mon honorable

Ensemble.

Ensemble. { contradicteur, mais ce n'est pas mon client, c'est la partie civile qui fait tout ce scandale. Parfaitement, c'est M. Alfred. Il ne faut pas non plus faire prendre aux gens des vessies pour des lanternes, et mettre tout sur le dos du même. Je vous demande pardon aussi, c'est vous qui êtes dans l'erreur.

LE PRÉSIDENT

Ah ça ! est-ce que ça va durer longtemps ? A-t-on jamais rien vu de pareil ? Bon. Voilà le substitut qui s'en mêle à présent, et l'avocat qui se met de la partie ! Monsieur le Substitut, je vous invite à vous taire ; et vous aussi, maître Barbemolle ; vous n'avez pas la parole. Assez ! Assez !... Ma parole d'honneur, c'est une maison de fous, ici !

Toute cette scène, qui demande à être réglée avec soin, est tenue dans le tohu-bohu, tout le monde parlant en même temps, chacun des acteurs s'obstinant à vouloir, de sa voix, dominer la voix des autres. — Enfin, silence.)

LE PRÉSIDENT, à Alfred.

Oui ou non, voulez-vous vous taire ?

ALFRED

Oui.

LAGOUPILLE

Eh bien ! il n'est que temps !

LE PRÉSIDENT, à Lagoupille.

Et vous ?

LAGOUPILLE

Je le ferme.

LE PRÉSIDENT

Quoi ?

LAGOUPILLE

Mon seau de propreté. Contre la force il n'y a pas de résistance... C'est égal, un client comme moi, un vieil habitué, en justice ! Elle est un peu raide tout de même !

L'HUISSIER

Silence, donc !

LE PRÉSIDENT, à Alfred.

Je vous écoute. De quoi vous plaignez-vous, Monsieur ?

ALFRED

Monsieur, je suis limonadier, rue Notre-Dame-de-Lorette, où je tiens un petit café à l'enseigne du *Pied qui remue*. Maison bien notée, j'ose le dire : rien que des habitués, de braves gens qui viennent faire le soir leur petite partie en prenant leur demi-tasse.

LAGOUPILLE

Vous devriez être honteux, Monsieur Alfred, de parler de vos habitués, après que vous vous êtes conduit comme un cochon avec votre plus ancien client. Et encore... comme un cochon !... C'est comme deux cochons que je devrais dire !... comme trois cochons !... comme quatre cochons !... comme cinq cochons !... comme...

LE PRÉSIDENT

Ça va durer longtemps, ce défilé de cochons? Je vous ai déjà dit de vous taire!

LAGOUPILLE

C'est bon, je le referme!

LE PRÉSIDENT

Quoi?

LAGOUPILLE

Mon seau de propreté.

LE PRÉSIDENT

Continuez, Monsieur Alfred.

ALFRED

M. Lagoupille, en effet, est un de mes plus anciens clients.

LAGOUPILLE

Cinq ans que je fréquente la maison! Plus de cent mille francs que j'y ai laissés!

ALFRED

Mais Dieu sait depuis combien de temps je l'aurais flanqué à la porte, sans la crainte de faire de l'esclandre! Figurez-vous que cette espèce de sans le sou, qu'il n'a jamais pris plus d'une consommation...

LAGOUPILLE

Une consommation?

L'HUISSIER

Silence!

LAGOUPILLE

J'en prends sept.

BARBEMOLLE

Nous le prouverons.

LE PRÉSIDENT

C'est bien, maître ; tout à l'heure !

ALFRED

Figurez-vous, dis-je, que cette espèce de sans le sou qui n'a jamais pris plus d'une consommation... — Je jure que c'est la vérité ! — est d'une exigence révoltante ! Il arrive, et tout de suite, voilà la comédie qui commence : « Garçon ! un café ! »

LAGOUPILLE

Un café ! Naturellement, un café !... Si je vais au café, c'est pour prendre un café... Ce n'est pas pour prendre un lavement ! (Il hausse les épaules.)

BARBEMOLLE

C'est évident.

ALFRED, expliquant.

Bon ! On lui apporte un café. « Garçon, les journaux ! »

LAGOUPILLE

Et après ? J'ai le droit de lire les journaux, peut-être !

BARBEMOLLE

Ça crève les yeux.

ALFRED

Bon! On lui apporte les journaux! Tous! notez bien; il les lui faut tous, à ce monsieur! Une fois qu'il a les journaux : « Garçon, les cartes! »

LE PRÉSIDENT

Pour quoi faire?

ALFRED

Pour se faire des réussites.

LAGOUPILLE

Si ça m'amuse, moi? C'est mon droit, de me tirer la bonne aventure.

BARDEMOLLE

Parbleu!

ALFRED

Bon! On lui apporte des cartes. « Garçon, le jacquet! »

LE PRÉSIDENT

Le jacquet!... Pour jouer tout seul?

LAGOUPILLE

Non; pour m'asseoir dessus.

ALFRED

Il trouve que mes banquettes sont trop basses.

LAGOUPILLE

Et trop molles. On est assis comme dans de la pommade, ça me dégoûte.

LE PRÉSIDENT

En supposant, il me semble que le Bottin....

LAGOUPILLE

Impossible! Je m'en sers pour chercher des adresses.

LE PRÉSIDENT

Il fallait le dire tout de suite. Vous vous en emparez aussi?

BARBEMOLLE

Dame! Mon client en a besoin pour faire sa correspondance.

LAGOUPILLE

C'est sûr!

LE PRÉSIDENT

Très bien, très bien. Achevez, Monsieur Alfred.

ALFRED

Naturellement, privés de journaux...

LE PRÉSIDENT

... privés de Bottin...

ALFRED

... privés de jacquet...

LE SUBSTITUT

... privés de cartes...

ALFRED

... mes habitués, les uns après les autres, avaient déserté le *Pied qui remue*. Quelques-uns s'étaient bien rejetés, faute de mieux, sur le domino à quatre; malheureusement, le raclement de l'os sur le marbre exaspère M. Lagoupille, en sorte que ces pauvres gens, ahuris des rappels à l'ordre et des réclamations continuelles de ce personnage, s'étaient vus rapidement contraints de renoncer à leur suprême distraction. Je les perdis à leur tour.

LE PRÉSIDENT

Je vous crois sans peine.

ALFRED

M. Lagoupille demeura donc le seul client d'une maison jadis florissante. Or, est-ce que l'autre soir, après avoir, comme à son ordinaire, accaparé tout mon matériel, il n'émit pas la prétention de me faire éteindre le gaz, disant qu'il voulait désormais être éclairé à la bougie?

LAGOUPILLE

J'ai mal aux yeux.

ALFRED

Ceci mit le comble à la mesure. Je déclarai à M. Lagoupille que j'en avais par-dessus les épaules et que je le priais d'aller voir ailleurs si j'y étais. Il me répondit...

BARBEMOLLE

Je demande la parole, j'ai une question à poser.

LE PRÉSIDENT, au substitut.

Monsieur le Substitut?

LE SUBSTITUT

Je n'y vois aucun inconvénient.

LE PRÉSIDENT

Parlez, maître.

BARBEMOLLE

Je désirerais savoir si le plaignant n'a pas passé en Cour d'Assises, il y a une quinzaine d'années, pour attentat à la pudeur.

ALFRED, stupéfait.

Moi ?...

LE PRÉSIDENT

Maître !

ALFRED, hors de lui.

C'est une infamie ! C'est une abomination ! C'est de la pure scélératesse !

LE SUBSTITUT

J'invite la partie civile à user de termes plus modérés.

ALFRED, les larmes aux yeux.

Mais enfin, Monsieur, c'est odieux ! Je suis un honnête homme, moi ! Je suis un bon père de famille ! On peut prendre des renseignements dans mon quartier ! Et voilà, à cette heure, qu'on essaye de me déshonorer devant tout le monde, en répandant des bruits sur moi !

LE PRÉSIDENT

Calmez-vous !

ALFRED

Monsieur, c'est ignoble !

BARBEMOLLE

Je ferai remarquer que le plaignant ne répond pas à ma question. Il préfère se retrancher prudemment derrière des invectives grossières.

ALFRED

A de pareilles insinuations on ne répond que par le mépris !

BARBEMOLLE

Oui, enfin, tranchons le mot, vous niez ?

ALFRED

Certes, je nie !

BARBEMOLLE

C'est ce que je voulais vous faire dire. Je n'insiste pas. Le tribunal appréciera.

Il se rasseoit.

LE PRÉSIDENT, à Alfred.

Continuez !... Eh bien, parlez, Monsieur Alfred !

ALFRED

Parlez !... Parlez !... Je ne sais plus où j'en étais, moi. On me coupe la chique avec des histoires pareilles.

LE SUBSTITUT

Il faudrait en finir, cependant.

LE PRÉSIDENT

C'est mon avis.

BARBEMOLLE

Et le mien.

LE PRÉSIDENT

Où voulez-vous en venir?

LE SUBSTITUT

Aux termes de la citation, Lagoupille vous aurait frappé?

ALFRED

D'un coup de poing, oui, Monsieur, sur l'œil.

LE PRÉSIDENT

Vous avez des témoins?

ALFRED

Non! (Rires de Barbemolle.) Qu'est-ce que vous avez à rire, vous? Je n'ai pas de témoins? Naturellement! Où voulez-vous que j'en prenne, des témoins, puisqu'il avait fait le vide chez moi?

LE PRÉSIDENT

N'interpellez pas la défense. Vous demandez des dommages et intérêts?

ALFRED

Je demande cinq cents francs.

BARBEMOLLE

De rente?

LE PRÉSIDENT, à Alfred.

Vous pouvez vous asseoir ! — Levez-vous, Lagoupille. Qu'est-ce que vous avez à dire ?

LAGOUPILLE

J'ai à dire que M. Alfred se conduit comme un cochon.

LE PRÉSIDENT

Vous l'avez déjà dit. Ensuite ?

LAGOUPILLE

Ensuite, c'est un sale menteur ! Comment, qu'y

dit, je prends une consommation ?... J'en prends sept !

ALFRED

Sept ?

LAGOUPILLE

Oui, sept !

ALFRED

Par semaine ?

LAGOUPILLE

Par jour.

ALFRED

Vous vous fichez du monde. Citez-les donc un peu, vos sept consommations. Non, mais citez-les donc, qu'on voie !

LE PRÉSIDENT

Répondez.

LAGOUPILLE

Monsieur, c'est bien simple. J'arrive et je demande un café. Bon, on me sert un verre de café, trois morceaux de sucre, une carafe d'eau et un carafon de cognac.

LE PRÉSIDENT

Ça fait une consommation.

LAGOUPILLE

Ça fait une consommation.

ALFRED

Jusqu'ici nous sommes d'accord.

LAGOUPILLE

Bon! Je bois la moitié de mon café et je comble le vide avec de l'eau. Ça me fait un mazagran. Deuxième consommation.

ALFRED

Quoi? Quoi?

LE PRÉSIDENT

Laissez parler le prévenu.

LAGOUPILLE

Dans mon mazagran, je mets de l'eau-de-vie : ça me fait un gloria.

ALFRED

Ah ça! mais...

BARBEMOLLE

Ces interruptions continuelles sont insupportables. Je supplie la partie civile de laisser mon client s'expliquer.

LAGOUPILLE

Bon! Je prends un deuxième morceau de sucre et je le mets à fondre dans l'eau : ça me fait un verre d'eau sucrée. Dans mon verre d'eau sucrée, je reverse du cognac : ça me fait un grog. Mon grog bu, je m'appuie un peu de cognac pur : ça me fait une fine champagne.

LE PRÉSIDENT

Et enfin ?

LAGOUPILLE

Enfin, sur mon dernier bout de sucre, je verse le restant de mon carafon ; j'y mets le feu : ça me fait un punch. Total : un café, un mazagran, un gloria, un verre d'eau sucrée, un grog, une fine et un brûlot. Sept consommations !

LE PRÉSIDENT

C'est exact.

ALFRED

Charmant ! Et à la fin du compte, combien est-ce que je touche, moi ? Six sous ! Et vous croyez que ça m'amuse, après que vous m'avez rasé toute la soirée, d'inscrire six sous à mon livre de caisse ?

LAGOUPILLE

Ça vous embête ? Eh bien, prenez une caissière.

LE PRÉSIDENT

Vous reconnaissez avoir frappé le plaignant ?

LAGOUPILLE

Non, M'sieu. Je lui ai mis un marron, voilà tout.

LE PRÉSIDENT

A propos de quoi ?

LAGOUPILLE

Il m'avait pris par le bras pour me faire sortir de force, alors je lui ai mis un marron !

LE PRÉSIDENT

Vous ne nous aviez pas dit ça, Monsieur Alfred.

BARBEMOLLE

En effet.

ALFRED

Mais, Monsieur le Président, il fallait bien que je l'expulse ; il ne voulait pas s'en aller.

LE PRÉSIDENT

Il fallait envoyer chercher les agents de la force publique. Vous n'aviez pas le droit de vous faire justice vous-même.

BARBEMOLLE

C'est clair comme le jour.
<small>Alfred tente de placer un mot.</small>

LE PRÉSIDENT

Taisez-vous. — Maître Barbemolle, vous avez la parole.

BARBEMOLLE, se levant

Plaise au Tribunal adopter mes conclusions, renvoyer mon client des fins de la poursuite et condamner la partie civile aux dépens.

Messieurs,

S'il en était de la véritable vertu comme il en est de la femme de César, elle ne serait pas soupçonnée, et je ne connaîtrais pas l'honneur, compliqué de tant d'amertume, d'avoir à la défendre aujourd'hui devant vous. Certes, depuis bientôt vingt ans, qu'apôtre du Dieu de vérité, je combats pour la bonne cause et emprunte mon éloquence, si j'ose user d'un pareil terme, aux seuls élans de mes convictions, j'ai pénétré plus d'une fois les méandres de l'âme humaine. A cette heure (Fixant du regard M. Alfred.) j'en touche du doigt les marécages. Je n'abuserai pas de vos instants. Nul plus que moi n'en connaît le prix ; — puis j'ai hâte de frapper le caillou (Alfred épouvanté met son chapeau sur sa tête) d'où va jaillir l'étincelle !

L'HUISSIER, à Alfred

Votre chapeau !

BARBEMOLLE

M. Lagoupille est employé de l'État.

LAGOUPILLE

Moi? Je suis lampiste!

L'HUISSIER

Chut ! chut !

BARBEMOLLE

Il appartient à l'une de ces grandes administrations que l'Europe entière nous envie : au Ministère des Affaires Étrangères, où il doit d'occuper un poste de confiance, non à de misérables intrigues, mais à ses mérites personnels ! Ah ! c'est que, resté veuf après quinze mois de mariage, avec cinq enfants au berceau, il s'est imposé la mission, non seulement de donner la becquée quotidienne à ces petites bouches affamées, mais encore de prêcher d'exemple, à ces défenseurs de demain, l'amour du bien, le culte du travail, la fidélité au devoir et aux institutions libérales qui nous régissent !

Ce qu'est la vie de cet honnête homme ? Demandez-le donc à l'aurore, demandez-le au pesant soleil de midi, demandez-le au crépuscule du soir, qui, depuis tant d'années, chaque jour, voient perler la sueur à ce front éternellement courbé sur la tâche !

« Mais, direz-vous, quel couronnement à des journées si noblement remplies ? Sans doute, ce chevalier du devoir, les yeux gorgés de volupté, puise dans les obscénités du vaudeville et de l'opérette la détente qu'implore à grands cris la lassitude de son cerveau ? Les glaces du pandémonium où règne en souveraine Terpsichore, — j'ai nommé le Moulin de la Galette, — se renvoient de reflets en reflets les chorégraphiques ébats de cet inlassable travailleur ? »

Point !

Il se rend au café ! à ce café du *Pied qui remue* si humble en sa tranquillité, qu'on le croirait échappé à un dizain de l'auteur du *Passant* et de *Severo Torelli.*

LAGOUPILLE, à mi-voix.

Victor Hugo.

BARBEMOLLE

Rappelez-vous la définition touchante que vous en a donnée, il y a un instant (désignant Alfred du doigt), ce  sous-gargottier, empoisonneur public. « Maison bien notée ! rien que des habitués ! de braves gens, qui viennent le soir y faire leur petite partie !... » Là, saturé d'alcool et de bière, demande-t-il aux fumées de l'ivresse l'oubli des misères de la veille et des soucis du lendemain ? Non ! Il prend une tasse de café ! ! Une ! Vous entendez bien ?... Une seule ! Et ça, Monsieur Alfred, vous ne le nierez pas ; c'est vous-même qui l'avez dit ! N'importe. « Votre client est un pilier de brasserie ! » m'objectait tout à l'heure avec une partialité que je suis le premier à excuser, comme il sera le premier à la reconnaître, l'honorable organe du Ministère Public.

LE SUBSTITUT, étonné.

Je n'ai pas soufflé mot de cela. Je ne sais pas ce que vous voulez me dire.

BARBEMOLLE

Le tribunal me saura gré de ne relever que d'un sourire cette dénégation imprévue.

LE SUBSTITUT

Je vous somme de vous expliquer.

BARBEMOLLE

Je continue.

LE SUBSTITUT

Pas avant d'être entré dans les explications que je suis en droit d'exiger de vous.

BARBEMOLLE

Le Président m'a donné la parole; ce n'est pas vous, Monsieur le Substitut, qui m'empêcherez de m'en servir.

LE PRÉSIDENT

Voyons, Messieurs !... Je suis désolé ! Monsieur le Substitut, je vous en prie ! Maître, de grâce !

LE SUBSTITUT

L'incident...

LE PRÉSIDENT, qui en a assez.

L'incident est clos !

BARBEMOLLE

Il aura éclairé du moins la religion du Tribunal. A lui de distinguer entre l'acharnement dont l'accusation fait preuve et l'esprit de conciliation dont la défense est animée. — Je poursuis. — Mon client, dites-vous, est un pilier de brasserie? (Muette exaspération du substitut.) J'y consens. Mais à qui la faute? Au Gouvernement, Messieurs, je ne crains pas de le proclamer! Nous avons des salles de travail, Dieu merci! Nous avons des bibliothèques! Or, vous en défendez l'entrée, vous en interdisez l'accès, aux heures où le pauvre, précisément, serait à même d'en franchir le seuil! Et vous reprochez à Lagoupille d'aller chercher, pour y assouvir son amour passionné de l'étude, l'atmosphère pestiférée d'un estaminet de quinzième ordre?... Dérision!... Dérision amère! A ce café du *Pied qui remue* où il ne vient pas pour boire, il ne vient pas non plus pour jouer : il vient pour lire les journaux!... tous les journaux sans exception!... Les débats l'ont établi, et cela encore, Monsieur Alfred, vous qui niez tout, vous qui niez toujours, vous, la négation faite homme, est-ce que vous le nierez aussi? Non? Hein?... Ah!!! J'ai fini!

Et voilà l'homme qu'on fait asseoir sur ce banc d'ignominie qui a vu rougir tant de visages, l'homme que de misérables rancunes voudraient livrer à vos rigueurs!... Je livre, moi, à vos dégoûts, la bassesse de tels calculs! Je persiste avec confiance dans mes conclusions. (Il se rasseoit.)

LE PRÉSIDENT

La parole est au Ministère Public.

LE SUBSTITUT, qui depuis un instant déjà était plongé dans la lecture de l'*Officiel*, que lui avait apporté l'huissier vers la fin de la plaidoirie.

Ça y est !

LE PRÉSIDENT

Quoi?

LE SUBSTITUT

Je suis révoqué.

LE PRÉSIDENT

Révoqué?

LE SUBSTITUT

Lisez-vous-même.

LE PRÉSIDENT, après avoir lu.

C'est ma foi vrai ! Cher ami... recevez mes condoléances !

BARBEMOLLE

J'y joins les miennes.

LE SUBSTITUT, aigre-doux.

Je vous en remercie d'autant plus que vous êtes nommé à ma place.

20.

L'AVOCAT

Moi ?

LE SUBSTITUT

Parfaitement !

LE PRÉSIDENT

C'est exact. Tenez. (Il passe l'*Officiel* à l'avocat Barbemolle.)

BARBEMOLLE, lisant.

« Décret Présidentiel : Mᵉ Barbemolle, avocat au barreau de Paris, est nommé Substitut du Procureur de la République de la Seine, en remplacement de M. de Saint-Pol-Mépié, révoqué. »

LE PRÉSIDENT

Tous mes compliments.

LAGOUPILLE

Et les miens.

BARBEMOLLE, au substitut.

Mon cher prédécesseur, voici votre journal.

LE SUBSTITUT

Voici ma toque.

LE PRÉSIDENT

Comment, vous nous quittez déjà ?

LE SUBSTITUT

Je serais le dernier des idiots, si je continuais à servir, fût-ce une minute, un gouvernement qui se conduit avec moi...

LAGOUPILLE

Comme un cochon.

LE SUBSTITUT

J'allais le dire. Adieu ! Je vais traduire Horace. Que le Seigneur vous tienne en santé et en joie !
Il sort.

SCÈNE VII

Les Mêmes, moins LE SUBSTITUT

LE PRÉSIDENT

Bonjour, mon ami, bonjour. Il a l'air vexé.

L'HUISSIER

Plutôt.

LE PRÉSIDENT

Tout de même, il n'est pas gentil. Me voilà obligé de renvoyer à plus tard les débats de l'affaire Lagoupille.

BARBEMOLLE

Pourquoi ?

LE PRÉSIDENT

Je ne puis rendre un jugement qui serait certainement infirmé par la Cour de Cassation, le Tribunal n'étant plus au complet.

BARBEMOLLE

Je suis là.

LE PRÉSIDENT

Je le vois bien.

BARBEMOLLE

Eh bien ?

LE PRÉSIDENT

Je n'ose comprendre... Vous consentiriez ?...

BARBEMOLLE

Je croirais manquer à tous mes devoirs si je ne répondais, dès son premier appel, à la confiance qu'a daigné me témoigner le gouvernement de la République.

LE PRÉSIDENT

Puisqu'il en est ainsi... (Lui indiquant du doigt le siège du Ministère Public.) la place est encore chaude... J'ajoute qu'elle m'est heureuse à vous y rencontrer.

BARBEMOLLE

Monsieur le Président... (Il lui serre la main, puis va occuper la place que le départ du substitut a laissée vide.)

LE PRÉSIDENT

Vous êtes prêt à requérir ?

BARBEMOLLE, la toque à la main.

Je suis aux ordres du Tribunal.

LE PRÉSIDENT

Dont acte. L'audience continue. Monsieur le Substitut, vous avez la parole.

BARBEMOLLE

Messieurs,

Après la plaidoirie si éloquente et si persuasive que vous venez d'entendre, je ne saurais m'illusionner sur la difficulté de la tâche qui m'incombe. Si loin de la main qu'il m'apparaisse, j'atteindrai cependant, je l'espère, au but que je poursuis ici, avec l'aide du Dieu de Justice dont je suis l'indigne interprète. « J'emprunte mon éloquence à ma seule conviction », vous a déclaré le défenseur ; j'emprunterai la mienne, je le jure, à ma seule sincérité. J'arrive sans plus de préambule à la discussion des faits.

A l'aide d'habiletés oratoires, que je proclame et réprouve à la fois, mon honorable contradicteur vous a tracé, de Lagoupille, une silhouette quelque peu flatteuse, j'oserai dire quelque peu flattée... « Homme de bien ! chevalier du devoir ! père de cinq enfants en bas-âge... » Voici, je l'avoue, des titres peu communs à la clémence du juge éclairé et intègre chargé de présider ces débats. Quel homme serait-il, en effet, s'il tenait sa porte fermée à la Vertu venant lui demander droit d'asile, ses lettres de créance à la main ? Malheureusement, entre le portrait et le modèle, il y a place pour une lamentable, pour une écœurante vérité ! Nous avons assez ri, passons aux choses sérieuses ! Les feux d'artifice sont éteints, faisons, à présent, la lumière !

Je n'irai pas par quatre chemins. Lagoupille, l'honnête Lagoupille, est ce qu'on appelle une gouape dans les meilleures sociétés. Lampiste par profession (car il n'est pas plus fonctionnaire qu'il n'est père de cinq enfants), lampiste, dis-je, par profession, mais ivrogne par caractère, il est, mon Dieu, comme Grégoire : il passe tout son temps à boire !... Et ce n'est pas lui, j'imagine, qui m'en donnera le démenti ! Avec ce tranquille cynisme propre aux alcooliques invétérés, il vous l'a déclaré lui-même: au seul café du *Pied qui remue,* (Ab uno disce omnes), depuis des

années, chaque soir, il absorbe sept consommations ! Vous avez bien entendu ? Sept consommations par soirée ! Soit quarante-neuf consommations par semaine ! Deux cent dix par mois ! Deux mille cinq cent cinquante-cinq par an, et deux mille cinq cent soixante-deux, quand l'année est bissextile !!!

Encore, si la conscience des turpitudes dont il s'abreuve — je chercherais vainement un terme plus adéquat à la nature de mon sujet — lui criait de les aller cacher, comme on cache une plaie fétide, en les ténèbres d'un bouge ! Ah ! je vous crierais, moi : Pitié ! car toute étincelle n'est pas morte ! Grâce ! car en cette pudeur suprême il nous est permis de saluer un espoir de rédemption !

Mais non !

Portant fièrement la honte d'être abject, c'est sous le regard des honnêtes gens qu'il prétend étaler son vice, en ce café du *Pied qui remue* dont la défense, si éloquemment, tout à l'heure, évoquait la vision charmante, j'oserai presque dire familiale ! Car il faut à la corruption cette triste volupté : corrompre ! Il faut le lit chaste de la vierge à l'opprobre de cette fille publique ! Il faut le calice de la rose à la bave de cet escargot !

Bien mieux !

Fleur de débauche et de fainéantise, incarnation du pâle voyou dont jadis le poète des *Iambes* marque la hideur au fer rouge, en un vers qui ne périra pas, cet homme méprisable, taré, essaye d'arracher par surprise à l'ignorance de la foule un peu de cette considération dont est affamée l'infamie ! Tel un porc qui aurait volé pour s'en revêtir la robe auguste du lion, il ne craint pas de se faire passer pour fonctionnaire de l'État !... souillant ainsi — ah ! songez-y ! songez-y, je vous en conjure ! — l'antique prestige de notre Administration Nationale, et sapant, d'une main meurtrière, les bases mêmes de la société.

J'ai dit !

Le prévenu, spontanément, a reconnu les faits qui lui sont reprochés. Je n'ai donc pas à en discuter l'évidence. Je me bornerai à appeler sur lui les sévérités de la Loi, et à revendiquer, de votre esprit de justice, un châtiment exemplaire, au nom des intérêts immenses qui en dépendent.

Il se rassied.

240   LES MARIONNETTES DE LA VIE

LE PRÉSIDENT, à Alfred.

Vous n'avez rien à ajouter ?

ALFRED

Non, Monsieur le Président.

LE PRÉSIDENT, à Lagoupille.

Et vous ?

LAGOUPILLE

Je réclame mes dix francs

BARBEMOLLE, plein de dignité

Louis XII ne paie pas les dettes du duc d'Orléans.

LAGOUPILLE

Eh bien ! il se conduit comme un cochon.

LE PRÉSIDENT, sévère mais juste.

Vous n'êtes pas ici pour apprécier l'histoire.

Il se couvre et prononce.

« *Le tribunal, après en avoir délibéré conformément à la loi :*

« *Attendu qu'Alfred, limonadier à Paris, a introduit une plainte contre Lagoupille, comme ayant reçu de celui-ci....*

LAGOUPILLE, à mi-voix.

Un marron...

LE PRÉSIDENT

« ... *Un marron*... Euh... Taisez-vous donc, Lagoupille !... *un coup de poing en plein visage : qu'il s'est porté partie civile et qu'il réclame cinq cents francs à titre de dommages-intérêts ;*

« *Attendu qu'il appert clairement des débats, que Lagoupille, par le désagrément de son commerce et ses exigences sans nom, a réussi à mettre en fuite la clientèle habituelle du café du* « Pied qui remue », *et contribué ainsi, dans une large mesure, à la déconfiture de cet établissement ; que, dans ces conditions, les prétentions d'Alfred ne paraissent nullement excessives...* »

ALFRED, à part.

Si j'avais su, j'aurais demandé dix mille francs.

LE PRÉSIDENT

« *Attendu enfin que Lagoupille ne nie point s'être livré sur la personne du limonadier Alfred à la voie de fait qui est l'objet de la poursuite ; qu'il semble venir de lui-même, se placer sous le coup de la Loi, et qu'il y aurait lieu dès lors de lui faire application de l'article 311 du Code Pénal, ainsi conçu :* « Lorsque
« les coups et violences exercés n'auront occasionné
« aucune maladie, le coupable sera puni d'un empri-
« sonnement de six jours à deux ans. »

ALFRED, au comble de la joie.

Deux ans de prison ! Deux ans de prison !

LE PRÉSIDENT

« *Mais d'autre part :*

« *Considérant qu'Alfred ne justifie de l'acte de brutalité dont il aurait été victime, ni par un témoignage, ni par un procès-verbal, ni par un certificat de médecin ; que le juge ne saurait, sans contrevenir gravement à la procédure en usage, et notamment aux articles 154, 155 et 189 du Code d'instruction criminelle, accueillir une réclamation dont le bien fondé n'est établi que par les affirmations de l'intéressé ;*

« *Considérant d'ailleurs que si, en réalité, Alfred a reçu...*

LAGOUPILLE, à mi-voix.

Un marron !

LE PRÉSIDENT

« *Un marron...* » Euh !... Je vais vous faire sortir, Lagoupille !... « *un coup de poing dans la figure, il n'a eu que ce qu'il méritait, ayant par ses provocations, ainsi qu'il l'a reconnu lui-même, contraint et forcé Lagoupille à user de son droit de légitime défense ;*

LAGOUPILLE, à mi-voix.

Très bien !

LE PRÉSIDENT

« *Attendu qu'il argue en vain du refus opposé par Lagoupille à ses invitations d'avoir à quitter sur l'heure le café du* « *Pied qui remue...* » *; qu'en effet, aux termes de nombreux jugements confirmés par autant d'arrêts de Cours d'Appel, un café étant un* *lieu public, pleine et entière liberté est laissée à tout un chacun, non seulement d'y pénétrer, mais encore d'y séjourner aussi longtemps qu'il le juge à propos, à charge par lui, bien entendu, de n'y faire aucun scandale;*

LAGOUPILLE, à mi-voix.

Très bien !

LE PRÉSIDENT

« *Considérant qu'en l'espèce, Lagoupille, en aucune circonstance, ne semble avoir scandalisé la moralité des clients du café du* « Pied qui remue », *soit par l'inconvenance de ses gestes, soit par la licence de ses propos, soit par l'exhibition publique des intimités de son individu ; que par conséquent, en tentant de l'expulser de force, Alfred a outrepassé les pouvoirs que lui confèrent la jurisprudence et les règlements de police ;*

« *Par ces motifs :*
« *Acquitte Lagoupille ;*

LAGOUPILLE

Très bien !

LE PRÉSIDENT

« *Déclare Alfred mal fondé en sa plainte, l'en déboute, et le condamne aux dépens.* »

L'audience est levée.

RIDEAU

Grand Guignol : 10 Mai 1897.

Hortense, couche-toi !

PERSONNAGES

LA BRIGE.   HORTENSE.
M. SAUMATRE.   LE CHŒUR DES DÉMÉNAGEURS

Un salon, qu'encombre de paille et de paniers aux larges gueules béantes, le désordre du déménagement.

SCÈNE PREMIÈRE
LES DÉMÉNAGEURS, puis LA BRIGE, puis HORTENSE

LES DÉMÉNAGEURS
Le temps passe, que rien ne saurait prolonger,
Le nouveau locataire est là, qui veut la place,
　　Commençons par déménager
Ce seau, cette pendule et cette armoire à glace.

Sur nos nuques et sur nos dos,
Chargeons, Messieurs, chargeons les lourds fardeaux.

LA BRIGE entrant.

Une petite minute, s'il vous plaît, Messieurs les déménageurs. Je dois vider les lieux aujourd'hui, mais il importe qu'au préalable je paye à M. Saumâtre, propriétaire de cette maison, le montant du trimestre échu. N'ayant pas les fonds nécessaires, j'ai écrit à M. Saumâtre de venir s'entendre avec moi touchant son règlement de compte : nul doute que nous nous entendions. — Mais voici la charmante Hortense.

Entre Hortense enceinte de neuf mois.

LES DÉMÉNAGEURS

Ciel ! quel spectacle ! Ah ! qu'elle est belle à voir !
Quelle aimable pudeur ! Quels feux en sa prunelle !

A part.

L'espiègle enfant en son tiroir
Dissimule un Polichinelle !...
Affectons de ne pas nous en apercevoir.

Haut.

Sur nos nuques et sur nos dos,
Chargeons, Messieurs, chargeons les lourds fardeaux.

HORTENSE, après avoir salué.

Est-ce que M. Saumâtre est venu ?

LA BRIGE

Je l'attends d'une minute à l'autre, car il est midi tout à l'heure et il ne peut tarder maintenant.

Au même instant, M. Saumâtre entre par le fond.

MONSIEUR SAUMATRE

Me voici, Monsieur.

SCÈNE II

Les Mêmes, MONSIEUR SAUMATRE

LA BRIGE

C'est ma foi vrai ! C'est M. Saumâtre en personne !
Eh! bonjour, Monsieur Saumâtre !

MONSIEUR SAUMATRE, sur une grande réserve.

Monsieur, mes civilités !

HORTENSE.

Monsieur Saumâtre, votre servante.

MONSIEUR SAUMATRE

Madame, je vous présente mes devoirs.

LA BRIGE

Mais donnez-vous la peine d'entrer, et prenez un siège, je vous prie !

MONSIEUR SAUMATRE

C'est inutile.

LA BRIGE

Si fait ! Si fait ! — Voyons Hortense, ma fille ! grouille-toi. Apporte un siège à Monsieur. Donnez-moi votre chapeau.

MONSIEUR SAUMATRE, débarrassé de son chapeau.

Pardon.

HORTENSE, le forçant à s'asseoir.

Votre parapluie.

MONSIEUR SAUMATRE, débarrassé de son parapluie.

Excusez.

HORTENSE

Désirez-vous vous rafraîchir ?

MONSIEUR SAUMATRE

Je vous remercie.

HORTENSE

Un verre de bière !... (A la Brige.) Tu es là comme un soliveau !... Va donc chercher une canette.

LA BRIGE

J'y cours.

MONSIEUR SAUMATRE

Je vous prie de n'en rien faire. Je ne bois jamais entre mes repas, d'abord ; puis, je ne fais qu'entrer et sortir. — Donc, causons peu, mais causons bien. (Mettant la main à la poche intérieure de sa redingote.) Je vous apporte votre quittance.

LA BRIGE, qui se méprend.

Ah ! Monsieur !... Une telle grandeur d'âme !... Une pareille générosité !...

HORTENSE

Quand je te disais que M. Saumâtre était un homme plein de délicatesse !

LA BRIGE

Croyez bien que vous ne perdrez rien. Nous ne sommes ni des ingrats ni des malhonnêtes gens ! Hortense est là, qui peut vous le dire ; et...

MONSIEUR SAUMATRE

Pardon ! Vous avez les fonds ?

LA BRIGE, interloqué.

Non

MONSIEUR SAUMATRE

En ce cas...

Il remet sa quittance dans sa poche.

LA BRIGE

Comment !

MONSIEUR SAUMATRE, se levant

Veuillez me rendre mon chapeau.

LA BRIGE

Monsieur Saumâtre, écoutez-moi.

MONSIEUR SAUMATRE

Monsieur, je n'ai rien à écouter.

HORTENSE

Pourtant...

MONSIEUR SAUMATRE

Je n'ai que faire de vos paroles.

LA BRIGE

Un mot, Monsieur Saumâtre; un seul ! — Voilà exactement cinq ans que je suis votre locataire. Ne vous ai-je pas toujours, à la minute précise, payé l'argent que je vous devais ?

MONSIEUR SAUMATRE

Il ne s'agit pas de l'argent que vous avez pu me devoir, mais bien de l'argent que vous me devez.

LA BRIGE

Mon Dieu, je sais.

MONSIEUR SAUMATRE

Il ne s'agit pas de l'argent que vous me donnâtes autrefois, mais de l'argent qu'il faut me donner aujourd'hui.

LA BRIGE

Mais, Monsieur, je ne puis vous le donner. Je ne l'ai pas.

MONSIEUR SAUMATRE

Je garderai donc votre mobilier.

HORTENSE

Notre mobilier !

MONSIEUR SAUMATRE

C'est mon droit. — Mon parapluie, s'il vous plaît.

LA BRIGE

Monsieur Saumâtre...

MONSIEUR SAUMATRE

Monsieur, vous perdez votre temps et vous me faites perdre le mien. Vous me devez, vous ne me payez pas; c'est bien, je me paierai moi-même, ainsi que la loi m'y autorise. Je n'ai pas à vous faire de cadeaux. En aurai-je le désir, que je n'en ai pas le moyen. Voilà qui est clair, je pense. Faites-donc enlever au plus vite, votre lit et vos intruments de travail. Le nouveau locataire attend que vous lui cédiez la place. J'ai dit. Rendez-moi, je vous prie, mon parapluie et mon chapeau.

LES DÉMÉNAGEURS

Vit-on jamais férocité pareille ?
Monsieur Saumâtre, en lui, porte un cœur de rocher.
Quoi ! rien ne le saurait toucher ?
Mais prêtons à la suite une attentive oreille.
Sur nos nuques et sur nos dos
Chargeons, Messieurs, chargeons les lourds fardeaux.

LA BRIGE

J'imagine, Monsieur Saumâtre, que vous n'avez pas bien compris. Nous ne vous demandons pas un cadeau, nous vous demandons un délai : quarante-huit heures, pas une de plus.

HORTENSE

Nous aurons de l'argent après-demain.

LA BRIGE

Ma famille va m'en envoyer. Voici la lettre qui l'atteste.

> Il présente la lettre en question, que M. Saumâtre se refuse à lire.

LA BRIGE

Dieu merci, nous sommes d'honnêtes gens. Demandez plutôt à Hortense si nous devons un sou dans le quartier !

HORTENSE, l'ongle aux dents.

Pas ça !

LA BRIGE

Nous nous trouvons gênés. Ces choses-là arrivent à tout le monde. La vérité est qu'Hortense ayant eu une grossesse pénible, j'ai dû donner au médecin les quelques louis qu'un à un j'avais mis de côté pour vous. (Câlin.) Allons, Monsieur Saumâtre, allons !

HORTENSE, chatte.

Ne vous faites pas plus méchant que vous ne l'êtes.

LA BRIGE

Je vous jure que vous serez payé.

HORTENSE

Jusqu'au dernier sou.

LA BRIGE

Dans deux jours. — Laissez-nous partir.

MONSIEUR SAUMATRE

Eh ! partez !... Je ne vous demande pas autre chose.

LA BRIGE

Avec mon mobilier?

MONSIEUR SAUMATRE

Ah ! non.

LA BRIGE

Monsieur, nous ne sommes pas des bohèmes. Nous ne voulons pas emménager avec un lit et une paillasse.

HORTENSE

De quoi aurions-nous l'air ?

LA BRIGE, les bras élargis du désir de persuader.

Voyons !

Mutisme de M. Saumâtre.

LA BRIGE

Causons chiffre. Je vous dois 250 francs.

MONSIEUR SAUMATRE

Je ne le sais que trop !

LA BRIGE

Or, j'ai ici pour cinq mille francs, au moins, de meubles. Laissez-m'en enlever une moitié et gardez l'autre en garantie.

MONSIEUR SAUMATRE

Non.

LA BRIGE

Remarquez que je vais vous signer des billets, payables après-demain matin.

MONSIEUR SAUMATRE

Je n'accepte pas cette monnaie.

LA BRIGE

Pourquoi ? Elle en vaut une autre. Des meubles sont toujours des meubles, et des billets sont toujours des billets. Si les billets que je vous offre ne sont pas payés à heure dite, eh bien! vous ferez saisir mes meubles à mon nouvel appartement.

Mutisme de M. Saumâtre.

LA BRIGE

Nous vous laisserions, par exemple, le buffet de la salle à manger, qui vaut vingt-cinq louis comme un liard, et tout le mobilier du salon.

HORTENSE

Y compris le piano.

LA BRIGE

La garniture de cheminée.

HORTENSE

Le baromètre.

LA BRIGE

Et le bronze de Barbedienne que nous avons gagné à la loterie de l'Exposition. Le diable y serait, voilà une proposition acceptable!... doublement avantageuse, puisqu'elle sauvegarde votre créance, et, du coup, nous permet, à nous, de sauvegarder notre dignité, en emménageant comme tout le monde, dans des conditions décentes.

MONSIEUR SAUMATRE, dans un pâle sourire.

On se fait bien des illusions sur l'état de propriétaire.

LA BRIGE, qui commence à rager.

L'état de locataire sans argent est bien plus enviable sans doute, et je vous plains de tout mon cœur.

MONSIEUR SAUMATRE

Il suffit. Vos impertinences ne parviendront pas à me convaincre.

LA BRIGE

Je ne suis pas impertinent. Je constate simplement que dans toute cette affaire vous faites preuve d'une étrange mauvaise volonté.

MONSIEUR SAUMATRE

Je fus échaudé trop souvent.

LA BRIGE

Encore une fois...

MONSIEUR SAUMATRE

Encore une fois, veuillez me rendre mon chapeau, et vous, Madame, mon parapluie.

LES DÉMÉNAGEURS

Conspuez, ô nos cœurs, cet homme opiniâtre,
Contenez vos élans justement indignés.
    Et vous, nos yeux, de pleurs baignés,
    Flétrissez le cruel Saumâtre !

    Sur nos nuques et sur nos dos,
Chargeons, Messieurs, chargeons les lourds fardeaux.

LA BRIGE, aux déménageurs.

Je vous demande pardon, mes enfants, mais je suis dans l'obligation de renoncer à vos services. Toutefois, il ne sera pas dit que de braves garçons comme vous se seront dérangés pour rien. J'entends que vous buviez un coup à ma santé. — Tu as de la monnaie, Hortense ?

LES DÉMÉNAGEURS

Le déménageur porte en lui
Une âme désintéressée.
Écartez toute âpre pensée
De votre front chargé d'ennui.

Puisque ce monsieur nous accorde
Une équitable indemnité
Salut à lui ! Paix et concorde
Aux gens de bonne volonté.

LA BRIGE

Je suis pauvre. Voilà cent sous. Allez vous désaltérer et laissez là vos paniers que vous reprendrez tout à l'heure.

LES DÉMÉNAGEURS enthousiasmés.

Cent sous !... Il nous offre une thune !...
Ventre-Saint-Gris, c'est la fortune !
Or, voici qu'il est midi vingt,
Précipitons nos pas vers le marchand de vin.

Sur nos nuques et sur nos dos,
Chargeons, Messieurs, chargeons les lourds fardeaux.

Ils sortent.

SCÈNE III.

Les Mêmes, moins LES DÉMÉNAGEURS

LA BRIGE, *rapportant à M. Saumâtre son parapluie et son chapeau.*

Le Christ a dit : « Rends à César ce qui appartient à César ». — Voici votre pépin et voici votre tube. — Et maintenant, toi, Hortense, couche-toi.

HORTENSE.

Que je me couche ?

LA BRIGE

A l'instant même. — Monsieur Saumâtre... serviteur !

MONSIEUR SAUMATRE, abasourdi

Comment !...

LA BRIGE

Veuillez vous retirer.

MONSIEUR SAUMATRE

Ah ! ça, mais, qu'est-ce que cela veut dire ?

LA BRIGE

Cela veut dire, Monsieur Saumâtre, que madame, enceinte, est à terme, et que la loi lui donne neuf jours pour accoucher.

MONSIEUR SAUMATRE

Neuf jours !

LA BRIGE

Oui, neuf jours.

MONSIEUR SAUMATRE

Ce n'est pas vrai.

LA BRIGE

Oh ! mais pardon !... Soyez poli, ou je vais vous mettre à la porte.

MONSIEUR SAUMATRE

Monsieur, j'ai pour habitude d'être poli avec tout le monde. Seulement vous me permettrez de vous le dire : vous me faites rire avec vos neuf jours. Et mon nouveau locataire ?

LA BRIGE

Vous n'avez pas la prétention de le coucher dans le lit d'Hortense ?

MONSIEUR SAUMATRE

Non ! Mais encore faut-il qu'il couche quelque part.

LA BRIGE

Il couchera où il voudra.

MONSIEUR SAUMATRE, avec finesse.

A vos frais.

LA BRIGE

Pourquoi à mes frais ? Je ne connais pas cet homme, comme disait saint Pierre ; c'est avec vous, non avec moi qu'il a passé un contrat, c'est donc, non à moi, mais à vous qu'il intentera un procès, gagné d'avance, bien entendu.

MONSIEUR SAUMATRE

Possible ! Seulement, moi, malin, je vous poursuivrai à mon tour.

LA BRIGE

Deuxième procès !

MONSIEUR SAUMATRE

Deuxième procès !

LA BRIGE

Que vous perdrez comme le premier.

MONSIEUR SAUMATRE

Parce que ?

LA BRIGE

Parce que des trois personnes en cause vous êtes la seule qui n'ait pas raison jusqu'au cou. Comment ! vous ne comprenez pas que votre nouveau locataire a précisément les mêmes droits à venir occuper ce logement, que moi à ne pas en sortir ?... lui, en vertu de la loi commune qui régit les contrats entre particuliers, moi, en vertu de la loi d'exception que crée le cas de force majeure ?

MONSIEUR SAUMATRE

D'où je conclus qu'étant donné une maison dont je suis seul propriétaire, tout le monde y est maître, excepté moi ?

LA BRIGE

Naturellement.

MONSIEUR SAUMATRE

Dans tous les cas, il est tout à fait inutile d'élever la voix comme vous le faites. Discutons et tombons d'accord. Nous ne sommes des bêtes féroces, ni vous ni moi. Voyons... vous me laisseriez, vous dites ?

LA BRIGE

Je vous laisserai peau de balle.

MONSIEUR SAUMATRE

Comment ?

LA BRIGE

Et balai de crin... J'emporterai jusqu'aux verres de de lampes.

MONSIEUR SAUMATRE

Tout à l'heure...

LA BRIGE

Tout à l'heure n'est pas à présent. Il fallait accepter quand je vous ai offert.

MONSIEUR SAUMATRE

J'ai changé d'avis.

LA BRIGE

Moi aussi.

MONSIEUR SAUMATRE

Soit, je ne veux pas de discussion avec un bon locataire. Vous me signeriez donc des billets payables à quarante-huit heures ?

LA BRIGE

Je vous signerai peau-de-zébie.

MONSIEUR SAUMATRE

Elle est trop forte ! Pourquoi me l'avez-vous offert, puisque vous aviez l'intention de revenir sur votre parole ?...

LA BRIGE

Pourquoi avez-vous refusé, puisque vous deviez revenir sur votre décision ?

MONSIEUR SAUMATRE

Permettez...

LA BRIGE

Permettez vous-même. J'étais, il y a un instant, un pauvre diable au désespoir de ne pouvoir payer ses dettes, et qui en appelait humblement au bon vouloir de son semblable. La loi me menaçait donc de ses foudres. A cette heure, passé à d'autres exercices, je vous expulse d'une maison qui a cessé d'être la mienne. J'ai donc la loi avec moi. Car il suffit neuf fois sur dix à un honnête homme échoué dans les toiles d'araignée du Code, de se conduire comme un malfaiteur, pour être immédiatement dans la légalité. Eh bien, Monsieur, j'y suis, j'y reste. Vous m'avez contraint à m'y mettre, vous trouverez bon que j'y demeure. Sur ce, mon cher propriétaire, faites-moi le plaisir de filer, que j'aille chercher la sage-femme. — Eh bien, Hortense ?... Au lit !... Couche-toi !

MONSIEUR SAUMATRE

Hortense, ne vous couchez pas ! (A la Brige.) Fichez-moi le camp, vous, elle, votre bronze de chez Barbedienne, votre buffet et votre baromètre ! Débarrassez-moi le plancher et que je n'entende plus parler de vous.

HORTENSE

Pardon. Et les cent sous que nous avons donnés à messieurs les déménageurs ?

MONSIEUR SAUMATRE, goguenard.

Il faut que je vous les rende, peut-être !

LA BRIGE

Vous ne les rendrez pas ?

MONSIEUR SAUMATRE

Non !

LA BRIGE

Hortense...

MONSIEUR SAUMATRE, exaspéré.

Assez !... Les voilà ! — Est-ce tout ? Voulez-vous ma montre ?... Voulez-vous mon parapluie ?

LA BRIGE

Mille remerciements, cher Monsieur. Respectueux du bien d'autrui, je vous laisserai l'une et l'autre. J'ajoute que vous ne perdrez rien. Je vous dois deux cent cinquante francs : je vous les paierai à un centime près !... par acomptes !... vingt sous par semaine !... sur lesquels vous pouvez compter comme s'ils étaient déjà à la Caisse d'Épargne. C'est l'affaire de quelques années, mais qu'est-ce que c'est que quelques années, comparées à l'Éternité ? — Or voici les déménageurs, qui viennent reprendre leurs paniers et qui arrivent fort à propos pour terminer la comédie. (Aux Déménageurs.) Tout est bien qui finit bien, nous sommes d'accord, monsieur et moi, et vous pouvez enfin, Messieurs, sur vos nuques et sur vos dos, charger, charger les lourds fardeaux

LES DÉMÉNAGEURS

Bénissons l'heureuse journée
Qui voit triompher la vertu,
Et toi, monstre avide et têtu,
Fuis vers une autre destinée.

Sur nos nuques et sur nos dos,
Chargeons, Messieurs, chargeons les lourds fardeaux.

RIDEAU

LE DROIT AUX ÉTRENNES

Grand Guignol (Spectacle d'ouverture) : 16 Mai 1896.

Le Droit aux Étrennes

PERSONNAGES

LANDHOUILLE.
UN COCHER DE L'URBAINE.
UN SOLDAT.
UN MONSIEUR BIEN MIS.
LOUISON.

Une petite pièce modestement meublée. — Au fond, une porte, et, à gauche, en pan coupé, une fenêtre praticable. A droite, une porte. Un casier laissant voir les dos de deux grands livres, reliés en vert, avec monture en cuivre.

SCÈNE PREMIÈRE

LANDHOUILLE, seul.

Au lever du rideau, Landhouille, à la porte du fond, le dos présenté au public, hurle à une personne qu'on ne voit pas, des recommandations que couvrent des roulements de tambour.

LANDHOUILLE

Tu feras mes amitiés à ma tante Virginie et tu l'embrasseras pour moi. Tu diras à mon oncle Auguste... — Vas-tu te taire avec ton tambour? Quelle diable d'idée ai-je eue de donner un tambour à cet enfant! Tape encore un peu, que je t'entende;

je te le reprendrai, moi, ton tambour. (Le tambour se tait.) Tu diras à mon oncle Auguste que j'ai été forcé d'aller à la réception du ministre. Ce n'est pas vrai, mais ça ne fait rien. Tu as l'abat-jour de ma tante ? Oui ! Bon. Adieu, Sidonie ; n'oublie pas les fruits confits de Mme de Pont-à-Mousson. (Répondant à une question que le public n'entend pas)... Bien entendu, chez l'épicier. Et pense aux crottes de chocolat de Mme de Saint-Jean-Pied-de-Port. Et puis, toi, Toto, tâche d'être sage. Embête-la un peu, ta mère ; embête-la, avec ton tambour ; je t'apprendrai comment je m'appelle, moi. (Il referme la porte, descend en scène et tire sa montre.) Trois heures dix. Sidonie ne sera pas rentrée avant sept heures ; mettons à profit nos loisirs pour établir le bilan de l'infâme Premier Janvier, en procédant à la récapitulation des étrennes que j'ai données et des étrennes que j'ai reçues. (Il va au casier, en tire un des grands livres et le transporte dans ses bras jusqu'à une table chargée de papiers et de journaux, placée à droite, à l'avant-scène. Ceci fait, il s'installe, se plante son binocle sur le nez, et, rabattant le couvercle du volume): Récapitulation des étrennes que j'ai reçues. (Il tourne la page.) Total : zéro. A la bonne heure, c'est vite compté, et ça dispense de faire la preuve par neuf. (Il reporte le grand livre à la place qu'il occupait dans le casier et revient, chargé de l'autre in-folio. — Recommencé du jeu de scène ci-dessus.) Récapitulation des étrennes données. (Il tourne une page, puis une autre, puis une troisième, puis une autre encore. — Les pages sont noires d'écriture.) Ça, c'est une autre histoire.

Il lit.

A ma femme... des boucles d'oreilles.

A ma belle-mère — un chauffe-assiettes.
A mon petit garçon — un tambour.
Au concierge — vingt francs.

Parlé :

Vingt francs ! En voilà de l'argent que je regrette. Ponchon a rudement raison. Comme il dit, je ne sais plus dans quoi :

> « Encore un an qui s'amène,
> Un autre qui s'tir' des pieds.
> Moi qui ne r'çois pas d'étrennes,
> Faut qu'j'en foute à mon portier. »

(Haussement d'épaules mélancolique.) Où en étais-je ?

Il se replonge dans ses calculs.

A mon cousin Lenflé — une pipe
A ma cousine Lenflé — une cuiller à soupe.
Au petit Lenflé — une trompette.

Parlé :

Ces Lenflé me mettent sur la paille ! Heureusement, la trompette de leur gosse fait encore plus de boucan que le tambour du mien. Les parents auront de l'agrément ; c'est toujours ça de rattrapé.

Il poursuit.

A mon beau-frère — mon portrait.

Satisfait de lui :

Très bien !

Il tourne la page.

A ma tante Louise — un abat-jour.
A ces mufles de Dubourg — un pétunia en pot.

Au petit garçon des Durand — un abonnement à la Jaunisse.

Surpris.

Un abonnement à la Jaunisse ?... (Il se penche sur la feuille, s'efforce de déchiffrer une écriture illisible. Enfin :) Ah ! non !... à la « JEUNESSE ! » au Journal « LA JEUNESSE » !...

Il reprend :

Au petit garçon des Durand — un abonnement à la « JEUNESSE ».

A mon filleul — ma vieille montre.

A mon garçon de bureau — ma vieille redingote.

A mon oncle Albert — mon portrait.

Parlé :

Très bien !

A la bonne des Lenflé...

Parlé :

Encore ! Ça devient de l'extravagance ! Ce n'est pas une trompette que j'aurais dû donner au petit, c'est un canon.

A la bonne des Lenflé — cent sous.

A Mme de Pont-à-Mousson — une livre de fruits confits.

A Mme de Saint-Jean-Pied-de-Port — une livre de crottes de chocolat.

A la veuve Plumeau — une botte de mouron.

Se reprenant :

Une boîte de marrons, pardon !... Jolie écriture.

Il poursuit.

A la veuve Plumeau — une boîte de marrons.
A mon oncle Edouard — mon portrait.

Parlé :

Très bien !
A ma bonne — dix francs.
A la porteuse de pain — un franc.
Au facteur des postes — quarante sous.
Au petit télégraphiste — vingt sous.
Aux vidangeurs — cinquante centimes.

Parlé :

Si j'avais su, je leur aurais donné mon portrait, aux vidangeurs. Les bonnes idées viennent toujours trop tard. (Il sonne.) Que je fasse mettre une bûche au feu ; je gèle sur place, moi... Voyons, est-ce bien tout ? (Longue rêverie.) C'est bien tout. C'est plus que suffisant, d'ailleurs. L'année a été si brillante !... (Nouveau coup de timbre.) Plus de vingt mille balles que j'ai perdues dans l'affaire des mines du Transvaal, par la faute de cette saleté de coulissier !... Que je le rechoppe, le coulissier ! Non, mais, que je le repince, pour voir. Je lui paierai un petit rigolo de dividende qui ne lui coûtera pas cher d'impôt. Farceur, va !... Ah ça, mais je sonne dans le désert ! Je suis le gentilhomme le plus mal servi de France. Célestine ! Célestine ! Célestine !

  La porte du fond s'ouvre lentement. Apparition d'un soldat.
  — Landhouille se lève effaré.

SCÈNE II

LANDHOUILLE, UN SOLDAT

LANDHOUILLE

Un soldat dans la cuisine ! Qu'est-ce que vous faites là ?

  Un temps. Le soldat va à lui, et lui tendant sa main ouverte :

LE SOLDAT

Voici ma main, elle est par le hâle tannée.
Agréez mes souhaits pour la nouvelle année.
Je suis soldat, Monsieur, et sauf votre respect,
J'ai nom Léonidas Agathocle Lepet,
Caserné bâtiment H, à la Pépinière.

  LANDHOUILLE, étonné.

Asseyez-vous donc, je vous prie.

  Les deux hommes s'asseoient l'un en face de l'autre, puis, chez Landhouille, le geste qui veut dire : Vous avez la parole, j'écoute.

LE DROIT AUX ÉTRENNES

LE SOLDAT

Je suis le bon ami de votre cuisinière.
C'est moi qui l'aide à laisser brûler le rôti,
En lui faisant l'amour quand vous êtes sorti.
Oui, bien des fois je mis à profit votre absence
Pour cueillir les trésors de sa magnificence
Et remplir, sur l'azur de votre couvre-pied,
Mes devoirs de vaillant et de galant troupier.
Je l'aide également à casser la vaisselle,
A cracher dans la sauce ou le vermicelle,
A très bien démantibuler les robinets
De la fontaine, et le bouton des cabinets.
J'ajoute que je suis apte à vider les litres,
Que je sais prolonger les fêlures des vitres,
Et, sur l'or des parquets nouvellement frottés,
Faire grincer les clous de mes souliers crottés.
De mes talents, tel est l'énuméré rapide.

LANDHOUILLE

Je ne sais pas à quoi ça tient, je ne saisis pas très clairement le but de votre démarche.

LE SOLDAT

Je m'explique. Certain d'avoir été stupide
Avec ampleur, et fourbe avec tranquillité,
D'avoir enfreint les lois de la pudicité
Et consterné les plus grands ivrognes de France
Du spectacle émouvant de mon intempérance,
D'avoir enfin, — de quoi j'atteste ici les dieux! —
Tout fait au monde afin de me rendre odieux,
Je viens, avec la paix des consciences sereines,
Solliciter de vous mes petites étrennes.

LANDHOUILLE

Parce que vous avez bu mon vin, fait des horreurs dans ma chambre à coucher et démantibulé les lieux, il faut que je vous donne des étrennes ? Vous avez une certaine santé. (Il tire vingt sous de sa poche.) Voilà vingt sous. C'est bien pour encourager le vice. (Lui ouvrant la porte du fond.) Et maintenant, du vent, s'il vous plaît !

LE SOLDAT

Il n'est pas de petite offrande ;
De petite obole il n'est pas.
Quant aux vingt sous, je vais les boire de ce pas,
En priant Dieu qu'il vous les rende.

LANDHOUILLE

Serviteur aux carottiers. Bonjour, mon ami. Bonjour.

Le soldat sort.

SCÈNE III

LANDHOUILLE seul., puis UN COCHER DE « L'URBAINE »

LANDHOUILLE

Ah ! si on n'avait pas le trac de passer pour un crasseux !... (Il revient à la table et s'y installe.) Voyons, nous disons... nous disons... :

« A l'amant de Célestine... »

On sonne.

Qui est-ce qui vient me raser ?

> Il va ouvrir. Apparition d'un cocher de l' « Urbaine ». Ce vieillard congestionné est vêtu d'un manteau à quadruple pèlerine. D'une main, il tient son fouet, de l'autre son chapeau blanc.

LANDHOUILLE

Un cocher, à présent ? Je n'ai pas pris de voiture.
Vous devez vous tromper d'étage.

LE COCHER

Homme qui survenez et m'écoutez ici,
J'entre...

> Il entre.

Je vous salue.

> Il salue.

      Et je vous dis ceci :
Recevez tous mes vœux pour la nouvelle année,
Et touchez là ; voilà ma main parcheminée.

> Ahurissement de Landhouille qui garde sa main dans sa poche.

LE COCHER

Eh quoi ! vous dérober à mon embrassement ?
Cet excès de froideur me peine énormément.

> A lentes et larges enjambées, il marche sur Landhouille, lequel recule d'autant. Ils arrivent ainsi au trou du souffleur. Là :

LANDHOUILLE, qui commence à être très inquiet, à part.

Je ne donnerais pas cinq sous de ma peau.

LE COCHER, avec éclat.

Rappelez-vous !

Landhouille rassemble ses souvenirs et ne se rappelle rien du tout.

LE COCHER

Je suis Luc !!

Landhouille exprime par sa mimique que cette révélation le laisse froid.

LE COCHER

...cocher de l' « Urbaine !!! »

Mutisme prolongé de Landhouille qui se rappelle de moins en moins.

LE COCHER

C'est moi qui, l'autre jour, eut cette bonne aubaine
De vous catastropher dans une flaque d'eau,
En doublant le tournant du Cirque Fernando.
Je fendais l'air. D'une allure non moins pressée,
Vous allâtes baiser le sol de la chaussée,
Lequel, dès lors, porta de gueule sur fond blanc.
Quand on vous releva, vous étiez ruisselant
Comme une éponge, et maculé comme un grimoire...
Combien ce temps encore est cher à ma mémoire !

LANDHOUILLE

Vous pensez à moi, c'est gentil. — Et alors !

LE COCHER, de qui le visage s'empourpre.

Alors !... Alors, dis-tu !
  Éclatant :
            Donc, tu n'as pas saisi ?
Et je n'ai pas assez mis les points sur les *i* ?
Tu ne vois pas que je viens chercher mes étrennes ?

Formidable :

Faut-il te le hurler pour que tu le comprennes?
Outil! Fourneau! Paquet!... Tête à poux!... Marié!..
Échantillon pourri d'un siècle carié!
Monstre à l'âme de boue, et de fange, et de lie,
Qui n'échappa que par miracle — et qui l'oublie! —
Aux sabots meurtriers

Ému jusqu'aux larmes :

      de mes propres chevaux!!!

LANDHOUILLE

Ecoutez, je ne veux pas de scandale...

LE COCHER

Zut !

LANDHOUILLE

Je suis un homme rangé, paisible.

LE COCHER

Tais-toi !

LANDHOUILLE

Je jouis de la considération du voisinage, et....

LE COCHER

Je te tiens pour le dernier des veaux !

LANDHOUILLE

Mais ne criez donc pas comme ça, encore une fois!..
Voyons, voulez-vous vingt sous ?

LE COCHER

Voyez le cancre, avec sa gueule peinte en jaune.
Ai-je l'air d'un monsieur qui demande l'aumône?
Vingt sous!... Vingt sous!...

(Il prend la pièce de monnaie.)

        Je les prends pour t'humilier.
Passe, un jour, à proximité de mon soulier...
Je me comprends: Adieu, que le diable t'emporte!

 En sortant.

Je crache mon mépris sur le seuil de ta porte.

SCÈNE IV
LANDHOUILLE, seul.

Je ne suis pas à vingt sous près, mais enfin il eût dû me les demander poliment; je les lui aurais refusés. L'homme est un être délicieux; c'est le roi des animaux. On le dit bouché et féroce, c'est de l'exagération. Il ne montre de férocité qu'aux gens hors d'état de se défendre, et il n'est point de question si obscure qu'elle lui demeure impénétrable : la simple menace d'un coup de poing en pleine figure, il comprend à l'instant même !

> Tout en parlant, il est revenu encore une fois à sa table de travail.

Si je mettais mes comptes à jour, avec tout ça.

> Il s'installe de nouveau, jette sa plume dans l'encre.

J'en suis resté... Ah ! voilà !

> On frappe à la vitre.

Entrez ! — C'est Célestine qui rentre. Je vais l'arranger, Célestine.

> Il écrit.

A l'amant de Célestine... un franc. Au cocher...

> On refrappe.

Entrez !...

Au cocher qui m'a renversé devant le Cirque Fernando... un franc.

> On refrappe.

Eh bien, entrez. — Ah ça, mais, Dieu me pardonne, est-ce qu'on ne tape pas aux carreaux ?

> Il va à la fenêtre qu'il ouvre. Apparition de Louison perchée au faîte d'une échelle dont on aperçoit les montants. C'est une petite vieille ignoble, sale comme un peigne, et — ô horreur ! — souriante.

SCÈNE V

LANDHOUILLE, LOUISON

LOUISON, poétique.

Comme à vingt ans!

LANDHOUILLE

Miséricorde ! Qu'est-ce que c'est encore que celle-là ?

LOUISON

Tu ne me reconnais pas ?

LANDHOUILLE

Non.

LOUISON

Ingrat ! Je suis ta jeunesse embaumée !

LANDHOUILLE

Je pense que les fous sont lâchés et qu'ils ont choisi ma maison pour s'y donner rendez-vous. Voulez-vous bien descendre de votre perchoir, tout de suite ! Qui est-ce qui m'a bâti une vieille perruche pareille !

LOUISON

Comme tu me parles durement !

LANDHOUILLE

Oui ou non, voulez-vous descendre de là ?

LOUISON

Tends-moi du moins les bras !

LANDHOUILLE, qui l'aide à escalader la balustrade de la fenêtre.

Misère !...

LOUISON, pâmée aux bras de Landhouille.

On est bien !... Ah ! on est bien !... Berce-moi, dis ?

LANDHOUILLE

Je ne vais faire que ça. (Il la pose à terre.) Ecoutez : le contentieux me réclame. Abordons la question de front. Vous venez chercher vos étrennes ?

LOUISON

Oui.

LANDHOUILLE

Je n'attendais pas moins de vous. A quel titre ? N'est-ce pas vous qui, il y a deux mois, vous êtes assise sur mon chapeau dans le tramway de la gare de l'Est ?

LOUISON

Non.

LANDHOUILLE

J'aurais cru. Cherchons ailleurs. Depuis quelque temps déjà, les locataires de cette maison et les fournisseurs du quartier sont infestés de cartes postales anonymes où je leur suis représenté comme le dernier des gredins. (Souriant.) Vous en êtes peut-être l'auteur ?

LOUISON

Non.

LANDHOUILLE

C'est surprenant. Mais j'y songe ! Le feu a pris, hier au soir, dans le cabinet de toilette, pendant que je me lavais les pieds. Il s'en est fallu d'un cheveu que je grillasse comme un bout de boudin. (Très régence, lui baisant les doigts.) Me serait-il donné de presser la petite main qui alluma l'incendie ?

LOUISON

Non.

LANDHOUILLE

Même pas ? Vous me désespérez. Je vous croyais ma bienfaitrice.

LOUISON, mélancolique.

Et voilà ceux auxquels nous sacrifions tout : nos pudeurs de jeunes filles, la fleur de nos baisers, les illusions de nos vingt ans! (Long soupir.) Alors, non? Tu ne me reconnais pas?

LANDHOUILLE

Aucun souvenir.

LOUISON, ironique.

C'est gai. (Avec transports :) Tu m'as aimée, pourtant!

LANDHOUILLE

Jamais de la vie.

LOUISON

Ne mens donc pas. Si tu ne m'avais aimée de l'amour le plus tendre, le plus pur, le plus délicat, tu n'aurais pas supporté quinze jours l'existence abominable que je t'ai faite pendant cinq ans.

LANDHOUILLE

Louison!...

LOUISON

Enfin! Embrasse-moi sur la bouche.

LANDHOUILLE

Je ne peux pas. Je suis marié.

LOUISON

A qui la faute? J'en ai assez mis des bâtons dans les roues de ce mariage-là! J'en ai assez poussé des cris! je t'en ai assez fait, des menaces. Jusqu'à un gosse emprunté à une concierge de mes amies, que je suis venu déposer sur les genoux de la mariée au milieu de la cérémonie, en criant : « Du pain, Madame ! par pitié, du pain pour l'enfant, puisque vous me ravissez le père ! » Va ! je dors sur mes deux oreilles. Que des femmes t'aient chéri plus que moi, je ne dis pas ; je te défie de m'en citer une qui t'ait embêté davantage.

LANDHOUILLE

Je m'en défie aussi.

LOUISON

Enfin, voyons, est-ce vrai ? (Pensive.) Des fois... — Tu sais, nous autres femmes, nous sommes des êtres de sentiment ; nous aimons regarder en arrière et patauger dans le passé — ... des fois, comme ça, au coin de mon feu, je me laisse aller à la rêverie, je revis toute notre liaison. Eh bien, crois-moi si tu veux : quand je songe à quel point je t'ai rendu malheureux, mais malheureux, mais malheureux, (Doucement égayée.) je ne peux pas m'empêcher de rire.

LANDHOUILLE

Ça tient à ce que tu as bon cœur.

LOUISON

Oh ! je sais, je ne suis pas méchante. J'ai seulement une petite faiblesse : je veux tout le temps avoir raison. Y a pas d'évidence qui tienne, y a pas de logique qui crève les yeux, y a pas de lois, y a pas de prophètes ; il faut que j'aie raison quand même ! il faut que j'aie raison toujours

LE DROIT AUX ÉTRENNES   289

LANDHOUILLE

Et ça tombe d'autant mieux que tu as toujours tort.

LOUISON, très simplement.

Toujours ! Comment veux-tu, dans ces conditions-là, qu'on ne devienne pas enragée ? Un saint n'y résisterait pas. (Câline, lui passant la main dans les cheveux.)

Aussi, ces cheveux blancs-là, qui c'est qui te les a faits ?

LANDHOUILLE

C'est Louison.

LOUISON

Et ces belles grosses rides, qui c'est qui te les a creusées ?

25

LANDHOUILLE

C'est Louison.

LOUISON

Bien sûr, c'est Louison. Ah! ah! elle est mignonne, Louison! Dis, mon chéri, elle est mignonne?

LANDHOUILLE, pas très convaincu.

... Oui.

LOUISON

Causons un peu tous les deux. Tiens, assieds-toi-là, près de moi. Te rappelles-tu la fois où je t'ai tant *ostiné*?

LANDHOUILLE

Oh! A ciel constellé, on ne compte pas les étoiles. Précise. De quoi veux-tu parler?

LOUISON

De cette soirée inoubliable où je faillis te rendre fou à force de te tenir tête. Y avait deux heures que ça durait, si bien que tu en étais venu à pleurer des larmes de rage, les poings aux tempes, trépignant, criant : « Mais tais-toi donc, bon Dieu! C'est donc un parti pris de me mettre hors de moi? Ah! la scélérate! Ah! la gueuse! C'est à ma cervelle qu'elle en veut! C'est à ma pauvre cervelle! » A la fin, comme je ne cédais pas, tellement je prenais plaisir à te faire écumer...

LANDHOUILLE

Attends!... ça me revient parbleu! Je m'en allai à la cuisine...

LOUISON
Oui.

LANDHOUILLE
J'en revins avec un seau d'eau...

LOUISON
Avec un seau d'eau, parfaitement !

LANDHOUILLE
... et, l'ayant balancé lentement : « Une ! deux ! trois ! »...

LOUISON
... tu en lanças tout le contenu à travers la chambre à coucher ! Ce fut un joli spectacle ! Projetée par le vide des espaces, la trombe se déploya en forme d'éventail, puis s'abattit comme un pan de mur !

LANDHOUILLE
Comme un pan de mur ! C'est cela même !

LOUISON
Tu te souviens ?

LANDHOUILLE
Comme si c'était hier... Non, ce lit !... une porte d'écluse !

LOUISON
Et la cheminée !... une cataracte !

LANDHOUILLE
Et les angles de l'armoire à glace vomissant l'eau comme des gargouilles !

LOUISON

Et le chat fuyant éperdu à travers l'inondation avec une queue longue comme ça ! Parce que tu sais, les queues de chats...

LANDHOUILLE

... quand on les mouille, ça s'allonge.

LOUISON, qui s'attendrit.

Y a aussi le jour où je t'ai avalé sous le nez un petit flacon de Belladone ? C'est du coup que t'en as fait une tête ! Cent ans, je vivrais cent ans : toujours je te verrais, mon chéri, vert d'émotion, avec des pauvres grosses pattes qui tremblaient comme du pied de veau et des yeux comme des œufs pas cuits... C'était de l'eau filtrée, d'ailleurs.

LANDHOUILLE

Je m'en étais toujours douté !

LOUISON

Et la fois où, vexée d'avoir dit je ne sais plus quelle sottise, je me suis couchée, pour me venger, sur la place de l'Opéra ? T'as encore eu assez d'agrément ce jour-là.

LANDHOUILLE

Assez ; oui. Tu es bien aimable. Il pleuvait ! Une bénédiction. Avant que j'eusse eu le temps de comprendre à quelle fête tu m'allais convier, tu t'étendis sur le macadam ruisselant d'eau, et tu demeuras là, Louison, immobile, les bras au corps, avec un visage doucement triste de pauvre victime résignée.

LOUISON, enchantée d'elle.

Je suis une bonne fille ! Je suis une bonne fille !

LANDHOUILLE

Je te crois que tu es une bonne fille ! Cependant du haut de leurs sièges, les cochers de Bastille-Madeleine, immobilisés à la file, criaient : « Eh bien quoi ? On ne passe plus ? »

LOUISON

La foule, accourue de toutes parts, faisait cercle autour de nous.

LANDHOUILLE

Et tandis que je suppliais : « Louison, au nom du ciel, lève-toi ! Tu nous couvres de ridicule »...

LOUISON

... des hommes graves disaient : « C'est ignoble ! Est-il permis de pousser une femme à de pareilles extrémités ? »

LANDHOUILLE

Je fus traité de lâche ;

LOUISON

... de canaille ;

LANDHOUILLE

... de prop'à rien ;

LOUISON

... de saligaud ;

LANDHOUILLE

... battu comme plâtre par des personnes qui avaient le cœur bien placé ;

LOUISON

... et, finalement, emmené au poste par de vertueux gardiens de la paix ;

LANDHOUILLE

... cependant que des étrangers compatissants t'emmenaient, toi, chez le pharmacien, prendre un verre de vulnéraire.

LOUISON, attendrie.

Ah! la jeunesse n'a qu'un temps.

LANDHOUILLE

C'est une justice à lui rendre.

LOUISON, minaudant.

Avec tout ça, la bonne année, tu ne me la souhaites pas souvent.

LANDHOUILLE

Au fait !... La bonne année, Louison ! Que le Seigneur te tienne en santé et en joie !

LOUISON

Et mes étrennes ?

LANDHOUILLE

Si je n'écoutais que mon cœur, je te ferais présent d'un hôtel avenue des Champs-Élysées ; mais je connais ta délicatesse ; j'aurais peur de te faire du chagrin. Je me bornerai donc à t'offrir mon portrait... Un mot, pourtant. Qui t'a procuré mon adresse ?

LOUISON

Un monsieur.

LANDHOUILLE

Quel monsieur, Louison? Je voudrais lui envoyer ma carte avec un mot.

LOUISON

Tu le connais.

LANDHOUILLE

Je le connais ?

LOUISON

Beaucoup... C'est ce monsieur, tu sais...

LANDHOUILLE

Quel monsieur?

LOUISON

Ce monsieur qui est à la Bourse, qui te donne des conseils... tu sais bien...

LANDHOUILLE, visité d'un soupçon.

Le coulissier?

LOUISON

Parfaitement!

LANDHOUILLE

Celui qui m'a fait perdre trente et quelques mille balles dans l'affaire des mines du Transwaal?

LOUISON

Lui-même.

LANDHOUILLE, avec éclat.

Et tu ne l'a pas amené? Et il n'est pas déjà ici? Quoi, nous sommes le 1ᵉʳ janvier, il est près de cinq heures du soir, et cet homme de bien n'est pas encore dans mes bras? Qu'attend-il pour venir s'y jeter, en réclamant, lui aussi, ses étrennes?

LOUISON

Allons donc! Je le savais bien, moi, que ton cœur finirait par parler.

LANDHOUILLE

Qu'est-ce que tu dis?

LOUISON, les bras au ciel.

Et l'autre serin qui faisait des cérémonies! J'avais beau lui hurler : « Venez donc? Je le connais! Ça lui fera plaisir. — Mais non, qu'il disait; mais non. J'aurais peur d'être indiscret! » Je l'aurais plutôt amené sous mes jupes!

LANDHOUILLE, qui commence à devenir fou pour de bon.

Où est-il? Où est le coulissier? Je veux voir le coulissier? Est-ce qu'il se fiche de moi, à la fin, de se dérober comme ça à ma reconnaissance!

LOUISON, *de la voix du sombre Roderick dans La Chute de la Maison Usher :*

Insensé !... Je te dis qu'il est derrière la porte ! Tiens !
(Elle va à la porte du fond, l'ouvre précipitamment, et, dans l'encadrement, on voit un monsieur très bien mis, au visage qu'encadrent des favoris d'agent de change. — C'est le coulissier. Il salue jusqu'à terre ; puis il fait trois pas en avant, et venant se placer devant Landhouille, il annonce :)

LE CROTTIN ET LA ROSE
Fable

Un crottin, auprès d'une rose, avait poussé.
« O fleur, ne crains-tu pas, dit ce jeune insensé,
   Que ma présence t'obscurcisse ?
    Gras à souhait, rond comme un œuf,
    Éblouissant comme un louis neuf,
   Je suis aussi beau que Narcisse.
Auprès de moi, vraiment, rose aux pâles couleurs,
   Jupiter t'a bien mal lotie. »
   Mais la rose, avec modestie :
« Je suis reine, dit-elle, au royaume des fleurs,
   Et mes couleurs, aux candeurs virginales,
Font l'orgueil du jardin, la gloire du salon.
— Et moi, je fais l'orgueil des routes nationales ! »
   Repartit l'autre avec aplomb.
   La vanité t'égare, ma commère.
   Je suis fils du noble étalon.
   L'auguste jument est ma mère.
Baisse la voix, de grâce, et le prends de moins haut ;
A mes sages discours, cesse d'être rebelle.
Conviens que je suis beau bien plus que tu n'es belle.
Et qu'en tout cas, je suis beaucoup plus comme il faut. »

Comme il disait ces mots, voici qu'une nichée
De moineaux francs, peuple avide et mutin,
    Surgit à l'horizon lointain.
    La question fut tôt tranchée.
En vain : « Grâce ! Pitié ! » suppliait le crottin.
  La gent ailée en fit une bouchée.

MORALE

    Tel vantard qui n'est qu'un oison,
    De son nom croit emplir l'espace :
    Il suffit d'un oiseau qui passe
    Pour le remettre à la raison (1).

(1) A la représentation cette fable ne doit pas être dite en entier. Le rideau doit être tombé au moment où l'acteur achève le sixième vers. (NOTE DE L'AUTEUR.)

Théâtre Antoine : 27 Janvier 1899.

En collaboration avec Édouard Norès.

Le Gendarme est sans pitié

PERSONNAGES

Le Gendarme LABOURBOURAX.
Le Baron LARADE.

BOISSONNADE, substitut du procureur de la République.
UN HUISSIER.

LE CABINET DU SUBSTITUT

Deux portes, l'une à deux battants, l'autre dissimulée dans la tenture et ouvrant près d'un grand bureau ministre surchargé de paperasses. Une bibliothèque et un cartonnier constituent avec deux ou trois fauteuils de bureau le reste de l'ameublement que complètent au point de vue décoratif un buste de la République (modèle officiel) et un portrait en chromolithographie sans cadre du chef de l'État.

SCÈNE PREMIÈRE

BOISSONNADE, seul, puis L'HUISSIER, puis LE GENDARME

Boissonnade est assis à son bureau, devant un monceau de pièces qu'il signe après les avoir rapidement parcourues, et range ensuite en tas sur un coin du bureau. De temps en temps un geste d'impatience témoigne de l'intérêt qu'il prend à cette besogne. — Enfin la lecture d'un papier lui arrache une exclamation désolée.

Le gendarme est sans pitié! (Il sonne, puis à l'huissier qui entre.) Le gendarme Labourbourax.

L'huissier remonte vers la porte, qu'il ouvre, et après avoir fait un signe vers la coulisse, s'efface et sort, tandis que le gendarme paraît sur le seuil. Après avoir salué militairement, il fait trois pas, s'arrête, ramène la main dans le rang, rectifie la position selon l'ordonnance et s'immobilise, muet.

BOISSONNADE

Vous êtes sans pitié, gendarme! Encore un attentat à votre caractère!... Savez-vous que je vois venir

l'instant où le tribunal d'Écoute-s'il-Pleut, exclusivement occupé à venger vos petits griefs, ne pourra plus suffire à tant d'obligations? Ne dites pas non. La chambre correctionnelle n'entend parler que de vos malheurs! Hier, c'était, à votre requête, douze condamnations pour outrages à un agent de la force publique dans l'exercice de ses fonctions. Avant-hier, c'en était dix-neuf!... En tout, et en quarante-huit heures, cent quarante-sept jours de prison à l'actif d'une cité de trois mille habitants! C'est coquet! Et ce n'est pas fini. A cette heure, voici, de vous, en date de ce jour, un procès-verbal contre l'épicier Nivoire, inculpé du double délit d'insulte à la maréchaussée et d'affichage séditieux? (Le gendarme opine du képi.) Qu'est-ce qu'il a fait, l'épicier Nivoire?

LE GENDARME

Il a apposé à la devanture de son établissement une pancarte portant, en lettres conséquentes d'une hauteur de 20 à 22 centimètres, une déclaration de nature à jeter la déconsidération sur l'arme à laquelle j'appartiens.

BOISSONNADE

Quelle déclaration?

LE GENDARME

La suivante : « Avis à la population. Occasion exceptionnelle. Gendarmes à deux pour trois sous. »

BOISSONNADE, très simplement.

Des harengs saurs.

LE GENDARME

Précisément.

BOISSONNADE, effaré.

Et voilà tout ?

LE GENDARME

J'eusse cru...

BOISSONNADE

Celle-là est trop raide ! Alors, c'est gravement, tout de bon, que vous vous prétendez atteint dans vos fiertés de vieux soldat ? C'est de sang-froid que vous en appelez à la sévérité des juges, d'une plaisanterie inoffensive, bête comme une oie, vieille comme les rues, et dont, seuls, s'égayeraient encore, — en supposant qu'ils s'en égayent, — les enfants et les imbéciles ?

LE GENDARME

Il est regrettable que les débordements de notre ironie nationale s'épanchent en trivialités aux dépens d'institutions consacrées de temps immémoriaux et dont l'éloge n'est plus à faire.

BOISSONNADE

Que de paroles perdues, mon Dieu ! et quel besoin d'importance ! Je vous demande un peu, gendarme, en quoi la blague de la rue peut atteindre... — que dis-je ? — effleurer le prestige de l'arme d'élite que vous représentez si dignement ! Allons, c'est une plaisanterie, et, vous me permettrez de vous le dire, sans vouloir ravaler en rien la gravité de votre mission, la dignité de votre rôle, vous montrez une fâcheuse tendance à céder aux élans d'une susceptibilité qui tourne à la monomanie. Que diable! nous avons affaire à une population d'un excellent esprit, respectueuse des pouvoirs publics, et votant bien. Ménageons donc, autant que possible, les bonnes dispositions de nos administrés; et, fermant l'œil quand il le faut, nous bouchant les oreilles quand il est nécessaire, évitons de semer en eux, par des abus d'autorité, le germe toujours dangereux du mécontentement et de la rébellion. Vous avez compris?

LE GENDARME

Oui, Monsieur le Substitut.

BOISSONNADE

Bien, vous pouvez vous retirer.

Le gendarme sort.

Resté seul, le substitut Boissonnade s'est remis à l'étude des dossiers accumulés sur sa table. — Un temps. — Soudain.

BOISSONNADE, *avec un geste désespéré.*

Encore! (Il lit.) « Procès-verbal. — Outrage à des représentants de la force publique dans l'exercice de leurs fonctions. — Dans la nuit du 17 au 18 courant, étant de service, mon collègue Soufflure et moi, notre attention a été éveillée par le tumulte d'une dispute. Nous étant rendus sur les lieux, nous y avons trouvé le menuisier Lacaussade occupé à interpréter sa propriétaire à travers la porte cochère, sous prétexte que cette dernière se refusait à la lui ouvrir. Aussitôt qu'il nous aperçut, le délinquant se porta au-devant de nous et nous harangua en ces termes : « Vous pouvez constater que cette vieille charogne refuse de m'ouvrir la porte ; vous pouvez le constater vous-mêmes. » Il dit, puis d'une voix où le mépris le disputait à l'arrogance, il nous jeta ce mot « des visus », voulant exprimer par là, non seulement que mon collègue et moi étions des visus, — ce qui n'était pas vrai, — mais encore que nous étions de l'espèce la plus inférieure, relégués au plus bas degré de l'échelle sociale et de tout point incompatibles avec la magistrature dont nous sommes les assimilés ». (Consterné.) Mais qu'est-ce que c'est que ça?... Mais qu'est-ce que ça veut dire?... Mais cet homme irréconciliable va devenir un danger public! (Il sonne. Apparition de l'huissier.) Le gendarme! (Sortie de l'huissier et entrée du gendarme.) Entrez donc, gendarme ! Eh bien, gendarme, que vous disais-je? La plaisanterie continue. Il paraît que le sieur Lacaussade vous a qualifiés de visus, vous et votre collègue Soufflure ?

LE GENDARME

Oui, Monsieur le Substitut.

BOISSONNADE

Savez-vous bien, mon brave, que je commence à me demander si vous jouissez de vos facultés, ou si vous vous bornez à vous moquer du monde ?

LE GENDARME

Moi ?

BOISSONNADE

Des visus!!! Pardieu! voilà qui est comique, et si le Moniteur de la localité venait à être mis au courant de l'anecdote, vous prendriez, j'ose le prétendre, quelque chose pour votre rhume. (Mouvement du gendarme.) Je vous dis que c'est une idée fixe! Pas plus que l'épicier Nivoire, le menuisier Lacaussade n'a songé à vous faire injure. Simplement, sa propriétaire lui refusant l'accès d'une demeure qui est sienne, il vous a invité, comme c'était son droit, à constater le flagrant délit; à le constater *de visu*, autrement dit : de vos propres yeux; par vous-mêmes! Et parce que le sens vous échappe, d'un lieu commun, d'un terme usuel, d'une locution tombée dans le domaine public, un pauvre diable passe la nuit sur la paille humide du cachot!... Voilà l'action publique saisie et la justice en mouvement!... En vérité, les bras m'en tombent et, du train dont vous y allez, je me demande où nous allons! Et ce sont les harengs qu'on traite de gendarmes! Et ce sont les gendarmes qu'on traite de visus!... Encore une fois, modérez-vous; apportez à l'avenir moins de raideur militaire dans vos relations avec nos justiciables, un peu plus de circonspection dans votre empressement à sévir, et rappelez-vous qu'un brave soldat peut, sans déchoir, être un brave homme. L'un vaut l'autre. — Allez!

LE GENDARME, sortant.

Il est tout de même dur, à mon âge, de m'entendre traiter de visu par un particulier qui l'est peut-être plus que moi.

Il sort.

Une fois encore, le substitut Boissonnade s'attèle à l'examen du courrier du jour. Mais presque aussitôt.

BOISSONNADE

A la fin, mon malheur passe mon espérance!... (Il lit.) « Le gendarme Labourbourax contre le baron Larade. Outrage à un agent de la force publique dans l'exercice de ses fonctions... » (Rapide coup d'œil jeté sur le procès-verbal.) Le pis est que ça a l'air sérieux!... (Il sonne. L'huissier apparaît.) Courez de suite au cercle, huissier, Place d'Armes, à deux pas d'ici. Vous demanderez le baron Larade et vous l'inviterez de ma part à passer à mon cabinet toute affaire cessante. Faites vite. (Fausse sortie de l'huissier.) Ah! Envoyez-moi le gendarme

L'huissier sort. Entre le gendarme.

BOISSONNADE

Je vois, gendarme, par ce procès-verbal, que vous auriez eu à vous plaindre de M. le baron Larade.

LE GENDARME

Oui, Monsieur le Substitut.

BOISSONNADE

Qu'est-ce qu'il vous a fait?

LE GENDARME

Il a usé, vis-à-vis de moi, d'un terme non adéquat à l'uniforme dont je suis revêtu.

BOISSONNADE, qui consulte le procès-verbal.

Oui, enfin, tranchons le mot : il vous a appelé moule.

LE GENDARME, saluant.

Sauf votre respect.

BOISSONNADE

Vous êtes bien sûr ?

LE GENDARME

C'est consigné à mon rapport.

BOISSONNADE, feuilletant le dossier.

Je vois, je vois; seulement, de l'humeur dont je vous sais, pouvant, d'une part, suspecter à bon droit une susceptibilité toujours prête à prendre la mouche, d'autre part connaissant le baron comme je le connais, j'en arrive à me demander quel concours de circonstances a pu pousser a un tort aussi grave un homme si paisible et si doux, l'expression même du savoir-vivre, de la courtoisie et de l'aménité. — Moule ?

LE GENDARME

Moule.

BOISSONNADE

Le diable m'emporte si j'y comprends un mot.

L'HUISSIER, entr'ouvrant la porte.

M. le baron Larade est là.

BOISSONNADE

Ah! Qu'il entre. — C'est bien, gendarme. Je vous rappellerai tout à l'heure.

SCÈNE II

LE BARON, BOISSONNADE

BOISSONNADE, qui va au baron, la main tendue.

Bonjour, baron. Entrez donc, je vous prie.

Le baron entre. La porte se referme derrière le dos du gendarme qui sort.

LE BARON, piteux.

Vous allez bien?

BOISSONNADE

Moins bien que vous. En voilà une aventure! Vous insultez la gendarmerie, à présent!

LE BARON

Ne m'en parlez pas!

BOISSONNADE

C'est vrai, alors?

LE BARON

Ce ne l'est que trop!

BOISSONNADE

Vous avez qualifié de moule le gendarme Labourbourax ?

LE BARON, d'une voix morte.

Oui, Monsieur le Substitut.

BOISSONNADE

Le bon Dieu vous bénisse ! Une jolie affaire, baron, que vous vous êtes mise sur les bras !

LE BARON

C'est grave, hein ?

BOISSONNADE

Comment, si c'est grave ! Six jours à trois mois, tout bonnement.

LE BARON, effaré.

Trois mois... de prison ?

BOISSONNADE

Mais dame !

LE BARON

Je suis déshonoré !

BOISSONNADE

Pas encore. Attendez un peu. Vous aurez toujours le temps de vous faire sauter la cervelle. Nous allons procéder par ordre (lui avançant une chaise) et tout d'abord, assis sur ce siège d'infamie...

LE BARON, soupirant longuement.

La vérité qui rit !

BOISSONNADE, le faisant asseoir.

... vous allez, mon cher baron, me faire le récit détaillé de votre exécrable forfait. Il convient que je sache si le monstre a la vie dure, pour le cas où... (on ne sait jamais)... je concevrais le lâche dessein de l'étouffer dans ses langes !...

LE BARON, lui prenant les mains.

Cher et excellent ami !

BOISSONNADE, qui s'est assis à sa table.

Je vous écoute.

LE BARON

Mon Dieu, c'est simple comme bonjour. J'habite, vous le savez, le château de Beaux-Chênes, près cette charmante ville d'Écoute-s'il-Pleut, où j'ai la prétention d'être connu assez avantageusement.

BOISSONNADE

Pour cette excellente raison que vous en êtes le bienfaiteur, ainsi que personne n'en ignore.

LE BARON

Oh ! bienfaiteur ! c'est beaucoup dire... Je dote une rosière chaque année ; j'ai fait remettre à neuf le clocher de l'église, donné des pompes aux pompiers...

BOISSONNADE

Pourvu d'une magnifique grosse caisse la fanfare municipale, *et cætera, et cætera.*

LE BARON, modeste.

Tout cela est de peu d'importance, et si j'évoque le souvenir de ces petites libéralités, c'est à titre de

simples circonstances atténuantes. Dans le même ordre d'idées et avant d'aborder la narration de mes malheurs, qu'il me soit permis de rappeler mon inébranlable attachement aux principes qui nous régissent.

BOISSONNADE

Au fait, baron ; au fait !

LE BARON

J'y arrive. Il y a une huitaine de jours, j'étais allé, comme à mon habitude, demander un peu d'appétit à la promenade et au grand air ; toujours comme à mon habitude, j'avais emmené Venceslas.

BOISSONNADE

Qui ? Venceslas ?

LE BARON

Mon chien.

BOISSONNADE

Le petit ratier anglais qui ressemble à un radis noir ?

LE BARON

C'est cela même.

BOISSONNADE

Charmant animal. J'ai l'avantage de le voir quelquefois avec vous, à la musique, le dimanche.

LE BARON

Trop aimable. Il n'a rien que de très ordinaire. J'y suis, toutefois, fort attaché, et cela pour plusieurs raisons : d'abord, nous ne sommes plus jeunes, lui ni moi, puis nous sommes veufs tous les deux, également intelligents — (je le dis sans fausse modestie), — et de commerce plutôt agréable... En outre, comme tous ses pareils, cette petite bête... mon Dieu ! comment dirais-je ?... stationne volontiers le long des murs, et moi-même, ayant une cystite, nous pouvons, au cours de nos promenades, stationner aussi fréquemment que le besoin s'en fait sentir, sans crainte de paraître ridicules l'un à l'autre... Ça n'a l'air de rien, c'est énorme ; c'est sur ces petites simplifications de la vie que reposent les vraies et solides affections. Ne le pensez-vous pas ?

BOISSONNADE

Pardon, je le pense tout à fait, au contraire.

LE BARON

Il était huit heures environ, il faisait un temps magnifique. J'allais au hasard de la marche, buvant à pleins poumons l'air pur de la campagne, bénissant le Seigneur notre Dieu d'avoir fait la nature si belle, et moi si digne de la comprendre. Dans mon dos, Venceslas trottait, goûtant, lui aussi, la douceur de cette ineffable matinée. J'entendais derrière moi le tintin du grelot pendu à son collier, un tintin qui s'accélérait et se ralentissait alternativement, selon que moi-même, plus ou moins, je hâtais le pas ou le modérais. De temps en temps, pour souffler, je prenais une seconde de repos ; alors, je n'entendais plus rien que le chant des alouettes invisibles, car Venceslas, dans le même instant, avait fait halte sur mes pas.

BOISSONNADE

Une églogue, quoi !

LE BARON

Soudain, au loin, par-dessus l'océan de blé mûr qui moutonnait à l'infini, je distinguai le bicorne en bataille du gendarme Labourbourax ; je devinai que le hasard allait nous mettre face à face et je me félicitai de cette bonne fortune. Je suis un homme simple, Monsieur le Substitut, je suis un homme sans méchanceté : l'uniforme n'a rien qui m'effraye, et la vue des gens de bien me fait toujours plaisir. Je me préparais donc à jeter au gendarme un souhait affectueux de bonne santé, quand, jugez de mon étonnement, ce militaire, qui m'avait joint, rectifia la position, et, tirant un calepin de sa poche : « Ordonnance de police, dit-il, les chiens doivent être tenus en laisse. Le vôtre étant en liberté, je vous dresse procès-verbal. »

BOISSONNADE

Procès-verbal !

LE BARON

Je vous demande un peu !... Un petit chien gros comme le poing ! et gentil, et doux, et sociable, victime d'une mesure...

BOISSONNADE, achevant la phrase.

Une mesure de sécurité générale, sans doute, mais qui demandait à être appliquée avec quelque discernement. Il est clair qu'un chien comme le vôtre, bien tenu, bien portant, gras à souhait, ne saurait être assimilé aux chiens malheureux et errants que vise l'ordonnance de police.

LE BARON

C'est mot pour mot le discours que me tint le maire, homme charmant, à qui je m'empressai d'aller conter ma mésaventure, et qui s'en montra fort marri. Il reconnut que le gendarme avait, dans la circonstance, manqué du tact le plus élémentaire, et me renvoya rassuré, m'engageant cependant, pour éviter de nouveaux ennuis, à tenir Venceslas en laisse jusqu'à plus ample informé : l'affaire de deux jours tout au plus, le temps, pour lui, de mander le gendarme et de lui glisser à l'oreille quelques mots touchant mon affaire.

BOISSONNADE

Et vous vous conformâtes, je pense, à cet avis plein de sagesse ?

LE BARON

N'en doutez pas.

BOISSONNADE

A la bonne heure.

LE BARON

J'achetai donc une laisse de vingt sous et j'y attachai Venceslas. Il en parut surpris, disons plus... (Il hésite.)

BOISSONNADE

... Mortifié ?

LE BARON

Je cherchais le mot ! Mortifié. — Comme j'ai eu l'honneur de vous l'exposer, il n'est plus jeune, à beaucoup près. Il jouit, le ciel en soit loué ! d'une santé de tous points florissante, mais enfin, il a atteint l'âge où l'on supporte malaisément un changement dans les habitudes, et c'était, cette laisse, tout un bouleversement dans sa petite existence de chien. De l'instant, oui, de l'instant même où il cessa de se sentir libre, il se refusa systématiquement à me suivre, rivé des quatre pattes au sol. En vain je tâchai à le raisonner, m'excusant, invoquant le cas de force majeure, en appelant à son bon cœur et faisant surgir à ses yeux l'inquiétante silhouette du gendarme : peine perdue ! il demeurait sourd, il secouait furieusement la tête, voulant dire par là, sans doute, qu'il était de mœurs insoupçonnables et n'avait rien à démêler avec la gendarmerie

BOISSONNADE

O candeur ineffable des consciences tranquilles !

LE BARON

Ainsi, deux jours, nous nous promenâmes par les champs et par les bois, moi à l'avant, lui à l'arrière, tirant chacun sur une extrémité de la laisse, à ce point qu'on n'eût pu savoir lequel de nous deux tenait l'autre : et cette vie, en vérité, devenait insoutenable et odieuse, quand brusquement, à un détour de sentier, je me retrouvai en présence du gendarme Labourbourax. « Le maire m'a parlé, me dit cet homme. Votre chien a le droit d'être libre. — Bon ! » m'écriai-je. Et je me baissais pour détacher le mousqueton fixé au collier de Venceslas, lorsque le gendarme reprit : « Vous le tenez en laisse cependant. Pourquoi le tenez-vous en laisse ? Je vous dresse procès-verbal. »

BOISSONNADE, les bras cassés.

Non ! ! !

LE BARON, après avoir, d'un mouvement de tête, confirmé l'authenticité de son récit.

A cette déclaration inattendue, une douce gaieté s'empara de moi. Le gendarme, fronçant le sourcil, dit que je raillais l'autorité.

BOISSONNADE

Hé ! hé !

LE BARON

Je haussai les épaules.....

BOISSONNADE

Oh ! oh !

LE BARON

Le gendarme s'emporta.

BOISSONNADE

Ah ! ah !

LE BARON

Je répliquai. Il m'imposa silence d'un ton que je jugeai inconvenant. C'est alors que, perdant la mesure, je tournai le dos à ce militaire en lui jetant de biais cette parole qui m'amène aujourd'hui devant vous et qui demeurera à tout jamais le remords de mon existence : « Gendarme, vous êtes une moule ! »

BOISSONNADE, après un silence.

A vrai dire, si grand soit-il, votre crime perd tout intérêt, comparé à l'affaire Fualdès.

LE BARON, souriant.

Je m'en doutais un peu. Alors ?

BOISSONNADE

Alors... alors... — Le diable soit de vous, cher ami ! Pour une fois que vous manquez de respect à un gendarme, vous n'avez pas la main heureuse. Je donnerais de bon cœur cinq cents francs de ma poche pour que vous ayez injurié le gendarme Petit-Grignolle ou le brigadier Monpétaze ! Avec ces gens de sens rassis, on pourrait discuter, s'entendre !... Mais le gendarme Labourbourax dont le nom seul évoque une idée de catastrophe !...

LE BARON

Il ne peut rien sans vous !

BOISSONNADE

Je ne peux rien sans lui ! Nous sommes, vous et moi, dans ses mains ! Qu'il n'y mette pas de complaisance, comme le gendarme de la chanson, et c'est...

LE BARON

C'est la correctionnelle !

BOISSONNADE

Hélas !

LE BARON

La flétrissure d'une condamnation !

BOISSONNADE

J'en ai plus peur qu'envie ! Enfin !... prenons toujours le vent. (Il va à la porte du fond et l'ouvrant.) Gendarme !

LE BARON

Je mets mon sort entre vos mains !

Entre le gendarme Labourbourax.

SCÈNE III

Les Mêmes, LE GENDARME

BOISSONNADE

Approchez-vous, gendarme, et causons en amis. Il est malheureusement établi que vos griefs sont fondés et que M. le baron Larade s'est rendu coupable envers vous, d'une incontinence de langage.

LE GENDARME

Il m'a appelé moule !

BOISSONNADE

Il l'avoue, et il en est au désespoir. (Le baron, d'un geste éloquent, prend le ciel à témoin de ses remords.) Il me charge donc de vous transmettre l'expression d'un repentir qui n'est pas équivoque, et c'est de grand cœur, n'en doutez pas, que je me fais auprès de vous l'avocat de sa cause. Laissez-moi croire qu'elle est à demi gagnée déjà.

Un temps. Le gendarme demeure muet.

BOISSONNADE

Raisonnons. Vous n'ignorez pas que M. le baron Larade est une des notabilités les plus justement appréciées de notre petit coin provincial. Homme de tenue, respectueux de nos institutions, ami de l'ordre et de ses gardiens, il honore votre caractère à l'égal de votre personne...

LE BARON, éloquent et concis.

Dieu !!!

BOISSONNADE

... et il vous serait reconnaissant...

LE BARON

Jusque dans la nuit du tombeau !

BOISSONNADE

... si, usant de la miséricorde et du droit d'indulgence acquis à tout passé irréprochable, vous consentiez à oublier la faute en faveur du remords qui l'expie.

Nouveau temps. Le gendarme se tait.

BOISSONNADE

Je m'associe pleinement, pour mon compte, au vœu de ce parfait galant homme.

Même jeu.

BOISSONNADE, une menace d'impatience dans la voix.

Un peu de charité, sacrebleu ! Dieu ne veut pas la mort du pêcheur. Vous-même, d'ailleurs, il faut bien le dire, avez rendu compréhensible l'écart de langage en question, par votre double interprétation, d'abord excessive, puis absurde, d'une réglementation... tranchons le mot... élastique! Je vous supplie d'y réfléchir. Retirez votre plainte, croyez-moi. Vous ferez ainsi œuvre de bonne grâce et vous épargnerez du même coup, à notre humble et chère petite ville, l'affront d'un scandale public, le deuil d'une inimitié entre deux personnalités également considérées : la vôtre, gendarme, (désignant le baron) et la sienne.

Nouveau temps.

BOISSONNADE

Mais répondez donc quelque chose. C'est exaspérant, à la fin !

LE GENDARME

Soit. Je répondrai en ces termes. (Au baron.) Avez-vous dit que j'étais une moule, oui ou non ?

LE BARON effondré.

Je l'ai dit.

LE GENDARME

Bien. Le pensiez-vous ?

LE BARON

Moi ? Mais pas un instant, gendarme ! pas une minute ! pas une seconde !

LE GENDARME

Vous le jurez ?

LE BARON

Sur mon honneur!

LE GENDARME

Vous n'en êtes donc que plus coupable!

BOISSONNADE

Homme sans pitié!

LE BARON

Voyons, gendarme, ce n'est pas là votre dernier mot.

Vous ne voudrez pas, pour une sottise qu'il est le premier à déplorer, infliger à un homme de soixante-cinq ans, justement orgueilleux d'une vie qu'il ose proclamer sans tache, une fin qui serait un écroulement et qu'empoisonnerait à jamais la honte d'un casier judiciaire!

BOISSONNADE

Et vous demeurez indifférent à une douleur si ingénue? Et l'acte de contrition où s'humilie ce pauvre homme ne vous apparaît pas comme la plus éclatante de toutes les réparations? Quel appétit de vengeance!

LE GENDARME

Pardon! Une supposition que, moi, je l'aurais appelé visu?

LE BARON

Eh ! appelez-moi comme vous voudrez, pourvu que vous ne m'appeliez pas en police correctionnelle. Trois mois de prison, mon Dieu !... Voyons, vous êtes  père de famille ; de lourdes charges vous incombent, et, sans vouloir me faire l'apôtre de certaines revendications sociales, j'oserai dire que l'État ne reconnaît pas toujours avec la générosité souhaitable le mérite de ses serviteurs... Le militaire n'est pas riche, comme le dit une chanson célèbre... Si je pensais qu'une indemnité raisonnable, de cent cinquante à deux cents francs...

BOISSONNADE

Êtes-vous fou, baron ?

LE GENDARME, fronçant le sourcil.

Vous dites ?

LE BARON

Je dis que si une petite somme de vingt-cinq louis, par exemple...

LE GENDARME, sévère, mais juste.

Tentative de corruption envers un fonctionnaire public. Je porte plainte entre les mains du dépositaire des lois.

BOISSONNADE

Ça y est !

LE BARON, qui ne comprend pas.

Quoi ?

BOISSONNADE

Le délit est flagrant ! Article 179 ! Trois mois à six mois. C'est bien simple !

LE BARON, qui devient fou.

Six mois de prison... six mois de prison... Gendarme, à la fin, prenez-garde !

LE GENDARME

Plaît-il ?

BOISSONNADE, terrifié.

Baron !

LE BARON, le sang aux yeux.

La moutarde me monte, gendarme !... et je commence à me demander de quoi je ne serais pas capable !... à quelles extrémités fâcheuses...

LE GENDARME, inexorable.

Menaces à un agent de la force publique dans l'exercice et à l'occasion de ses fonctions. Je requiers contre le délinquant l'application de l'article 224.

LE BARON, de qui la folie a tourné à la démence.

C'en est trop !

Il va pour s'élancer.

BOISSONNADE, qui, depuis un instant, s'absorbait dans une rêverie.

Halte-là ! Du calme, je vous prie. Gendarme, vous avez raison et votre plainte est légitime ! Je la reçois donc en ses conséquences.

LE GENDARME salue et se dispose à sortir.

BOISSONNADE

Un mot pourtant. (Le gendarme fait halte.) Vous avez l'heure ?

LE GENDARME, tirant sa montre.

Midi seize minutes.

BOISSONNADE

Vous avancez.

LE GENDARME

Non.

BOISSONNADE

Si.

LE GENDARME

Faites excuse. J'ai réglé ma montre ce matin sur l'horloge de la caserne.

BOISSONNADE

De la caserne ?

LE GENDARME

De la caserne.

BOISSONNADE

En ce cas, vous êtes impardonnable (le gendarme paraît surpris), car depuis seize minutes déjà, aux termes du manuel sur le service intérieur, vous devriez être en chapeau, en tunique et en baudrier. Le fait de vous afficher à une heure aussi tardive, dans le... débraillé où je vous vois, constitue donc de votre part une violation systématique des règlements en usage, un manque d'égards volontaire à la majesté d'un lieu que j'ai charge de faire respecter. (Le gendarme essaye de placer un mot.) Taisez-vous. (Il prend une plume et écrit) « Je crois devoir signaler à l'appréciation de Monsieur le Commandant de Place l'attitude du gendarme Labourbourax, qui, dans un but évident de provocation, affecte d'étonner le Palais de Justice par l'inconvenance de sa tenue »..... (Il glisse le pli sous une enveloppe.) Portez ce mot à son adresse.

LE GENDARME

Je suis ici pour recevoir des ordres et pour les exécuter. La lettre sera remise à son destinataire.

BOISSONNADE

Je l'espère bien.

LE GENDARME

Je me permettrai pourtant de faire remarquer au juge qui m'interlocute, qu'avec un motif pareil, je n'y couperai pas de mes trente jours.

BOISSONNADE

Tant pis!...

LE GENDARME

Je lui ferai également observer avec tout le respect voulu, que, depuis bientôt vingt-cinq ans je sers fidèlement mon pays, que je m'honore d'avoir un livret militaire vierge de toute punition, et que celle qui m'atteint au déclin de ma carrière m'est plus cruelle qu'un soufflet, étant un démenti donné devant tout le monde à mon passé immaculé.

BOISSONNADE

Qu'est-ce que vous voulez que j'y fasse ?

LE GENDARME

Je serais porté à penser qu'un acte de clémence, de générosité...

BOISSONNADE

Où diable voulez-vous en venir ?... Vous ne plaidez pas pour vous, je pense ?

LE GENDARME

Mes torts ne sont pas tellement graves que je ne puisse les présenter sous de favorables auspices.

BOISSONNADE

Je ne vous dis pas le contraire, mais qui donne la leçon doit l'exemple. Sévérité bien ordonnée commence par soi-même, et à gendarme sans pitié magistrat sans mansuétude.

LE GENDARME

J'ajouterai encore...

BOISSONNADE

Rien du tout. Voici, complété par l'adjonction des

deux flagrants délits nouveaux, le dossier de l'affaire Larade. Veuillez y jeter un coup d'œil et signer vos déclarations.

> Très long temps, Boissonnade, debout, présente au gendarme une plume. Le gendarme, lui, demeure muet, mais d'un mutisme tourmenté et nerveux qui n'est pas celui de tout à l'heure. Il mâche furieusement sa moustache, tourne les papiers entre les doigts, en proie à un violent combat intérieur. Soudain, enfin, il se décide, et d'une voix pleine de noblesse :

LE GENDARME

Le gendarme est sans pitié, mais il n'est pas sans grandeur d'âme.

BOISSONNADE

C'est à son éloge. (Puis, voyant le gendarme déchirer les procès-verbaux.) Que faites-vous ?

LE GENDARME

J'abdique mes revendications par égard pour une tête chenue.

BOISSONNADE, jouant l'indifférence.

Comme vous voudrez. (Bas au baron.) La farce est jouée, baron. Vous pouvez retourner au cercle.

LE BARON, fou de joie.

Vous retirez votre plainte ?... Vous retirez votre plainte !... Gendarme, vous êtes une moule !

LE GENDARME

Hein ?

BOISSONNADE

Quoi ?

LE BARON

Une mère !... La langue m'a fourché... Gendarme, vous êtes une mère !

RIDEAU

Gymnase : 19 Décembre 1899.

En collaboration avec Jules Lévy.

Le Commissaire est bon enfant

PERSONNAGES

LE COMMISSAIRE.
FLOCHE.
BRELOC.
UN MONSIEUR.

L'AGENT LAGRENAILLE.
L'AGENT GARRIGOU.
M. PUNEZ.
Mme FLOCHE.

La scène représente le cabinet d'un commissaire de police. A droite, une fenêtre praticable. A gauche, petite porte donnant sur un cabinet noir où sont les provisions de combustible pour l'hiver. Au fond, une porte à deux battants. Au fond aussi, mais un peu vers la gauche, une cheminée avec du feu.

SCÈNE PREMIÈRE

LE COMMISSAIRE, UN MONSIEUR.

LE COMMISSAIRE, assis à son bureau.

N'insistez donc pas, sacrebleu ! Je n'ai pas que vous à entendre.

LE MONSIEUR

Vous pouvez bien m'autoriser à porter une arme sur moi !

LE COMMISSAIRE

Non.

LE MONSIEUR

Qu'est-ce que ça vous fait?

LE COMMISSAIRE

Ça me fait que je ne le veux pas.

LE MONSIEUR

Le quartier n'est pas sûr. Il est infesté de souteneurs qui bataillent entre eux toute la nuit et attaquent les passants pour les dévaliser. Or, la profession que j'exerce m'oblige à rentrer tard chez moi.

LE COMMISSAIRE

Exercez-en une autre.

LE MONSIEUR

Je veux bien. Trouvez-m'en une.

LE COMMISSAIRE

Vous voulez rire, j'imagine. Est-ce que vous vous croyez dans un bureau de placement?

LE MONSIEUR

Et si on m'attaque, moi, cette nuit?

LE COMMISSAIRE

Vous viendrez me le dire demain.

LE MONSIEUR

Et alors?

LE COMMISSAIRE

Alors, mais seulement alors, je vous autoriserai à sortir avec un revolver sur vous.

LE MONSIEUR

En sorte que j'aurai le droit de défendre ma peau après qu'on me l'aura crevée?

LE COMMISSAIRE

Oui.

LE MONSIEUR

Charmant!

LE COMMISSAIRE

En voilà assez. Aux ordres du gouvernement que j'ai l'honneur de servir, je suis ici pour appliquer les lois et non, comme vous semblez le croire, pour en discuter la sagesse. Si vous n'êtes pas content de nos institutions, changez-les.

LE MONSIEUR

Si ça tenait à moi!...

LE COMMISSAIRE

Hein? Quoi?... Un mot de plus, je vous fais empoigner! A-t-on idée d'un Ostrogoth pareil, qui vient semer la perturbation et faire le révolutionnaire jusque dans le commissariat!... Vous avez de la chance que je sois bon enfant. (Le monsieur veut parler.) En voilà assez, je vous dis! Fichez-moi le camp, et que ça ne traîne pas, ou je vais vous faire voir de quel bois je me chauffe. Allez, allez!

Sortie hâtive et épouvantée du monsieur.

LE COMMISSAIRE, seul.

J'aurai l'œil sur cet anarchiste.

> Le commissaire revient prendre, à sa table, la place qu'il y occupait au lever du rideau, attire à lui la pile de dossiers constituant le courrier du matin, et, rapidement, d'un coup d'œil, il se renseigne sur la nature des affaires soumises à son arbitrage. — A la fin, geste impatienté. Il sonne. Un agent apparaît.

LE COMMISSAIRE

Priez M. Punèz de venir me parler.

> Sortie du gardien de la paix, et, presque aussitôt, apparition de M. Punèz. Celui-ci est un homme d'une cinquantaine d'années, chétif, craintif, d'une misère brossée lamentable. Il ôte la toque de drap qui lui protégeait le chef, et s'avance en multipliant de très humbles salutations.

SCÈNE II

LE COMMISSAIRE, M. PUNÈZ.

LE COMMISSAIRE

Bonjour, Monsieur Punèz. Dites-moi, Monsieur Punèz, savez-vous bien que votre service est fait comme par un cochon et que, si cela doit continuer, je me verrai contraint de demander au préfet votre révocation ou votre déplacement? Cent fois, Monsieur Punèz, cent fois, je vous ai ordonné de procéder le matin à un travail d'élimination de nature à simplifier le mien et à désencombrer, du coup, ma tâche, ma table, et ma pensée. Mais, ouat! Je vous aurais chanté *Femme sensible* sur l'air de *M. Marlborough*, que le résultat serait le même. Voyez-moi plutôt ce courrier! (Il prend une pièce au hasard de la main.) « Plainte d'une servante contre son maître qui aurait tenté d'abuser d'elle. » Qu'est-ce que j'ai à voir là-dedans? Pas de suite à donner. Enlevez! (Passant à une autre.)

Et ça!... « Plainte d'un particulier contre un cocher de fiacre qui l'aurait traité de pourriture! » Je m'en bats l'œil; est-ce que ça me regarde?... Enlevez! (Passant à une autre.) Bon! voilà un concierge qui a l'oreille paresseuse et un locataire qui se plaint d'être resté deux heures à sa porte, sous la pluie!... Qu'il s'en prenne au propriétaire. Espère-t-il que j'irai lui tirer le cordon?... Enlevez! (Passant à une autre.) Et cette cuisinière qui réclame huit jours de gages ! Affaire de justice de paix. Enlevez encore ! Et cela aussi ! Et cela de même ! — En vérité, Monsieur Punèz, je pense que vous êtes absorbé par l'amour ou que j'ai trop auguré de votre intelligence. Il faut en finir. Taisez-vous ! Je veux bien être bon enfant, mais j'entends ne pas être dupe. Que ce mot vous serve de leçon ! C'est d'ailleurs la dernière que vous recevrez de moi ; vous pouvez vous le tenir pour dit. Je vous salue, Monsieur Punèz.

M. PUNÈZ, humble et souriant.

Mon nom se prononce Pougnèze. Je suis d'origine espagnole.

Il salue jusqu'à terre et sort.

SCÈNE III

LE COMMISSAIRE, puis UN AGENT, puis UNE DAME.

Le commissaire se remet au travail un instant, puis, de nouveau, fait jouer son timbre. Nouvelle apparition de l'agent déjà vu.

LE COMMISSAIRE

Au suivant.

L'agent sort.

LE COMMISSAIRE, se levant.

Ce feu ne va pas ! C'est une Sibérie, ici !

Il se rend au placard de gauche, y prend une pelletée de charbon de terre dont il alimente son foyer. A ce moment, entrée d'une dame.

LA DAME

Le commissaire ?

LE COMMISSAIRE, sa pelle à la main.

C'est moi.

LA DAME

J'ai à me plaindre...

LE COMMISSAIRE

De votre mari ?

LA DAME

Précisément.

LE COMMISSAIRE

Vous voyez que je suis tombé juste. Eh bien, Madame, je ne puis rien pour vous. J'ai le regret de vous l'apprendre, mais, j'en ai également le devoir.

LA DAME

Monsieur...

Elle va pour prendre une chaise.

LE COMMISSAIRE

Ne vous asseyez pas, Madame ; c'est inutile. Vous allez perdre votre temps et me faire perdre le mien. C'est curieux, ce parti pris, chez les trois quarts des femmes, de considérer le commissaire pour un raccommodeur de ménages cassés ! Madame, les petites querelles d'intérieur ne sont pas de la compétence du commissaire de police. Sorti des flagrants délits d'adultère, le commissaire ne doit, ne peut intervenir qu'en cas d'entretien de concubine au domicile conjugal. Est-ce le cas de votre mari?

LA DAME

Monsieur....

LE COMMISSAIRE

Oh! pas de paroles inutiles, je vous en prie! C'est oui ou non.

LA DAME

Mais....

LE COMMISSAIRE

Si c'est oui, déposez une plainte au parquet, qui me transmettra des instructions. Si c'est non, votre démarche est nulle et non avenue, et vous pouvez vous retirer.

LA DAME

Mon mari ne me trompe pas.

LE COMMISSAIRE

Alors, quoi? Il vous bat? En ce cas, Madame, faites constater le fait par témoins, introduisez une instance en divorce, et les juges vous donneront gain de cause. Je vous répète que les femmes ont la rage de s'emparer du commissaire et de le mettre à toutes les sauces. Que diable, soyez raisonnable! S'il me fallait intervenir, la branche d'olivier à la main, dans tous les salons où l'on se cogne, il me faudrait soixante jours au mois et quarante heures à la journée.

LA DAME

Eh! Monsieur le Commissaire, ce n'est pas de cela qu'il s'agit, mon mari ne me bat pas plus qu'il ne me trompe.

LE COMMISSAIRE

Non? — Je parie qu'il est fou!

LA DAME

C'est vrai.

LE COMMISSAIRE, souriant.

Vous me rendrez cette justice que j'ai plutôt l'air d'un monsieur connaissant les choses dont il parle.

LA DAME

Comment avez-vous pu deviner?...

LE COMMISSAIRE

J'ai tellement l'habitude de ces sortes de choses!... Mais votre histoire, ma chère dame, je la connais depuis A jusqu'à Z, et, des visites comme la vôtre, j'en reçois jusqu'à dix par jour! Voulez-vous un conseil?... un bon? (La dame fait un signe de tête affirmatif et s'assied.) Rentrez donc tranquillement chez vous préparer votre déjeuner. Votre mari n'est pas plus fou que moi.

LA DAME

Il est fou à lier.

LE COMMISSAIRE

Non.

LA DAME

Si.

LE COMMISSAIRE

Non. Est-ce qu'il se saoule, votre mari ?

LA DAME

Du tout.

LE COMMISSAIRE

Avez-vous connaissance qu'il ait eu la fièvre typhoïde ou qu'il ait reçu un coup de soleil ?

LA DAME

Aucun souvenir.

LE COMMISSAIRE

Appartient-il à une famille d'alcooliques, d'épileptiques ou d'aliénés ?

LA DAME

Je ne crois pas.

LE COMMISSAIRE

Eh bien !

LA DAME

Eh bien, quoi ? C'est une raison, parce qu'il n'y a pas de fou chez lui, pour qu'il n'y en ait pas un chez moi ?

LE COMMISSAIRE

Permettez !

LA DAME

Il ne boit pas!... Après? Cela empêche-t-il qu'il ne fasse rien comme personne, qu'il ne tienne des discours auxquels on ne comprend goutte, et qu'il n'accomplisse des actions sans devant ni derrière, autant dire?

LE COMMISSAIRE

Quels discours? Quelles actions?

LA DAME

Comment, quelles actions!... Et les nuits, les nuits blanches que je passe à l'écouter causer tout seul, combiner je ne sais quoi, menacer je ne sais qui, ruminer des heures entières!... sans parler des moments où il saute du lit, en chemise, le revolver au poing, en criant: « Je brûle la figure au premier qui touche à ma femme! » C'est naturel, ça, peut-être?

LE COMMISSAIRE

Il est jaloux.

LA DAME

Jaloux!

LE COMMISSAIRE

Oui.

LA DAME

C'est facile à dire. Je voudrais bien savoir si c'est par jalousie qu'il s'enferme dans les cabinets pendant des fois deux ou trois heures pour déclamer tout haut contre la société, hurler que l'univers entier a une araignée dans le plafond, une punaise dans le bois de lit, et un rat dans la contre-basse.

LE COMMISSAIRE, amusé.

Il dit que l'univers entier a un rat dans la contre-basse ?

LA DAME.

Parfaitement ! Il voit des fous partout, Monsieur !... Et avec ça, notez qu'il ne fait plus un pas sans hurler : « Une, deux ! » à tue-tête, sous prétexte de se développer les pectoraux. Au point qu'il est devenu la risée du quartier et que les enfants lui donnent la chasse en criant à la chie-en-lit !

LE COMMISSAIRE

Vous exagérez.

LA DAME, l'ongle aux dents.

Pas de cela.

LE COMMISSAIRE, haussant les épaules.

Allons donc ! Mais si c'était vrai, il y a longtemps que les agents lui auraient mis la main dessus et l'auraient amené à mon commissariat pour scandale sur la voie publique.

LA DAME

Les agents ne sont occupés qu'à dresser des contraventions aux marchandes de quatre-saisons.

LE COMMISSAIRE

Les agents sont de braves gens, qui se conforment de leur mieux aux obligations de leur charge. Si vous êtes venue ici pour y exercer votre esprit caustique, vous vous êtes trompée d'adresse. Je suis bon enfant d'écouter vos sornettes! Ne croyez pas que par-dessus

le marché j'encaisserai vos impertinences. Pour en revenir à votre mari, vous voulez qu'il soit fou? Vous le voulez à toute force? Eh bien, c'est une affaire entendue; il est fou. Après?

LA DAME

Après?

LE COMMISSAIRE

Oui; après? Qu'est-ce que vous voulez que j'y fasse?

LA DAME

Je supposais....

LE COMMISSAIRE

Vous vous trompiez. Suis-je médecin-aliéniste et puis-je le guérir? Non. Alors?... Car il faut pourtant se décider à dire des choses raisonnables et à présenter les faits sous leur véritable jour. (Mouvement de la dame) Madame, le cas de votre mari, — puisque cas il y a, dites-vous — n'est pas du ressort du commissaire, mais de celui de l'Assistance Publique ; c'est donc, non à moi, mais à elle que vous devez faire part de vos craintes et adresser votre requête. Je m'empresse d'ajouter d'ailleurs, qu'à moins d'un miracle... improbable, il n'y sera donné aucune suite.

LA DAME

Parce que ?

LE COMMISSAIRE, avec un haussement d'épaules.

Il n'y a que les femmes pour poser des questions pareilles ! Parce que l'Assistance Publique n'est pas ce qu'un vain peuple pense et que les moyens dont elle dispose sont loin, bien loin, d'être en rapport avec les charges qui lui incombent et sous lesquelles elle succombe..

LA DAME

Bah !

LE COMMISSAIRE

Vous voulez des chiffres ? Je vais vous en donner.

Les ressources de l'Assistance Publique sont les suivantes :

1° Revenus de fondations, donations, legs particuliers et autres : soit, par an, trois millions et demi ; pas un sou de plus ;

2° Tant pour cent prélevé sur les recettes des théâtres, bals, music-halls et casinos : quatre millions et demi ; et encore !... ;

3° Impôt établi sur les courses : un million ou à peu près ;

4° Droits perçus sur les concessions dans les cimetières, remboursement de séjour dans les hospices, etc., etc. : vingt millions, qui ne sont pas grand'chose ;

Enfin : participation annuelle de la Ville aux besoins de l'Assistance Publique : vingt autres millions, qui ne sont rien du tout ; en tout : quarante-sept millions.....

LA DAME

... qui ne valent pas la peine d'en parler.

LE COMMISSAIRE, s'inclinant.

Vous l'avez dit.

LA DAME, se levant.

Ah ! je l'ai dit ? Eh bien, Monsieur le Commissaire, je dois vous avertir d'une chose : mon mari n'est encore dangereux que pour moi ; le moment n'est pas éloigné où il le deviendra pour tout le monde.

LE COMMISSAIRE

Quand ce moment sera venu, Madame, nous aviserons. En attendant, comme les asiles regorgent à la fois de pensionnaires et de demandes d'admission ; que je ne puis procéder d'office, sur la première requête venue, à la séquestration d'un homme dont l'exaltation cérébrale n'existe vraisemblablement que dans l'imagination de sa femme ; que je ne puis enfin, avec la meilleure volonté du monde, perdre une matinée tout entière à rabâcher les mêmes choses sans arriver à me faire comprendre, vous trouverez bon que nous en restions là. (Il se lève.)

LA DAME

Enfin, Monsieur le Commissaire.....

LE COMMISSAIRE

Vous avez une conversation charmante, pleine d'intérêt ; malheureusement, le devoir m'appelle, comme on dit dans les opéras. — Madame, au plaisir de vous revoir. Conseillez à votre mari le bromure, la marche et l'hydrothérapie. J'ai l'honneur de vous saluer.

SCÈNE IV

LE COMMISSAIRE, BRELOC

Au même moment où la dame disparaît :

UNE VOIX, à la cantonade.

Monsieur le Commissaire !

LE COMMISSAIRE

Vous demandez ?

LA VOIX

Une audience, une courte audience.

LE COMMISSAIRE

Si courte que cela ?

LA VOIX

J'en ai pour une minute.

LE COMMISSAIRE

Pas plus ?

LA VOIX

A peine, Monsieur.

LE COMMISSAIRE

En ce cas.....

> Il s'efface. Apparition, sur le seuil de la porte, de Breloc, qui entre, se découvre et gagne le milieu du théâtre.

LE COMMISSAIRE

Veuillez vous expliquer.

BRELOC

Monsieur le Commissaire, c'est bien simple. Je viens déposer entre vos mains une montre que j'ai trouvée cette nuit au coin du boulevard Saint-Michel et de la rue Monsieur-le-Prince.

LE COMMISSAIRE

Une montre ?

BRELOC

Une montre.

LE COMMISSAIRE

Voyons.

BRELOC

Voici.

Il tire de son gousset et remet au commissaire une montre que celui-ci examine longuement. — A la fin :

LE COMMISSAIRE

C'est une montre, en effet.

BRELOC

Oh ! il n'y a pas d'erreur.

LE COMMISSAIRE

Je vous remercie.

Il va à sa table, fait jouer un tiroir et y enfouit la montre de Breloc.

BRELOC

Je puis me retirer ?

LE COMMISSAIRE, *l'arrêtant du geste.*

Pas encore.

BRELOC

Je suis un peu pressé.

LE COMMISSAIRE

Je le regrette.

BRELOC

On m'attend.

LE COMMISSAIRE, *sec.*

On vous attendra.

BRELOC un peu étonné.

Ah?

LE COMMISSAIRE

Oui.

BRELOC

Mais...

LE COMMISSAIRE

C'est bien. Un instant. Vous ne supposez pas, sans doute, que je vais recueillir cette montre de vos mains sans que vous m'ayez dit comment elle y est tombée.

BRELOC

J'ai eu l'honneur de vous expliquer tout à l'heure que je l'avais trouvée cette nuit au coin de la rue Monsieur-le-Prince et du boulevard Saint-Michel.

LE COMMISSAIRE

J'entends bien ; mais où ?

BRELOC

Où ? Par terre.

LE COMMISSAIRE

Sur le trottoir?

BRELOC

Sur le trottoir.

LE COMMISSAIRE, soupçonneux.

Voilà qui est extraordinaire. Le trottoir, ce n'est pas une place où mettre une montre.

BRELOC

Je vous ferai remarquer...

LE COMMISSAIRE

Je vous dispense de toute remarque. J'ai la prétention de connaître mon métier. Au lieu de me donner des conseils, donnez-moi votre état civil.

BRELOC, un commencement d'impatience dans la voix.

Je m'appelle Breloc (Jean-Eustache). Je suis né à Pontoise, le 29 Décembre 1861, de Pierre-Timoléon-Alphonse-Jean-Jacques-Alfred-Oscar Breloc et de Céleste Moucherol, son épouse.

LE COMMISSAIRE

Où demeurez-vous ?

BRELOC

Rue Pétrelle, 47, au premier au-dessus de l'entresol.

LE COMMISSAIRE, après avoir pris note.

Quelles sont vos ressources ?

BRELOC, qui se monte peu à peu.

J'ai vingt-cinq mille livres de rente, une ferme en Touraine, une chasse gardée en Beauce, six chiens, trois chats, une bourrique, onze lapins et un cochon d'Inde.

LE COMMISSAIRE

Ça suffit ! — Quelle heure était-il quand vous avez trouvé cette montre ?

BRELOC

Trois heures du matin.

LE COMMISSAIRE, ironique.

Pas plus?

BRELOC

Non.

LE COMMISSAIRE

Vous me faites l'effet de mener une singulière existence.

BRELOC

Je mène l'existence qui me plaît.

LE COMMISSAIRE

Possible; seulement, moi, j'ai le droit de me demander ce que vous pouviez bien fiche à trois heures du matin au coin de la rue Monsieur-le-Prince, vous qui *dites* habiter rue Pétrelle, 47.

BRELOC

Comment, je *dis*?

LE COMMISSAIRE

Oui, vous le dites.

BRELOC

Je le dis parce que cela est.

LE COMMISSAIRE

C'est ce qu'il faudra établir. En attendant, faites-moi le plaisir de répondre avec courtoisie aux questions que mes devoirs m'obligent à vous poser. Je vous demande ce que vous faisiez, à une heure aussi avancée de la nuit, dans un quartier qui n'est pas le vôtre ?

BRELOC

Je revenais de chez ma maîtresse.

LE COMMISSAIRE

Qu'est-ce qu'elle fait, votre maîtresse ?

BRELOC

C'est une femme mariée.

LE COMMISSAIRE

A qui ?

BRELOC

A un pharmacien.

LE COMMISSAIRE

Qui s'appelle ?

BRELOC

Ça ne vous regarde pas.

LE COMMISSAIRE

C'est à moi que vous parlez ?

BRELOC

Je pense.

LE COMMISSAIRE

Oh! mais, dites donc, mon garçon, vous allez changer de langage. Vous le prenez sur un ton qui ne me revient pas, — contrairement à votre figure, qui me revient, elle!

BRELOC

Ah bah!

LE COMMISSAIRE

Oui; comme un souvenir. — Vous n'avez jamais eu de condamnations?

BRELOC, stupéfait.

Et vous?

LE COMMISSAIRE, qui bondit.

Vous êtes un insolent!

BRELOC

Vous êtes une foutue bête.

LE COMMISSAIRE

Retirez cette parole!

BRELOC

Vous vous fichez de moi. Me prenez-vous pour un escroc?

Ensemble

BRELOC

Et puis j'en ai plein le dos, à la fin ; vous m'embêtez avec votre interrogatoire. A-t-on idée d'une chose pareille ? Je trouve dans la rue une montre ; je me détourne de mon chemin pour vous la rapporter, et voilà comment je suis reçu !

D'ailleurs, c'est bien fait pour moi ; ça m'apprendra à rendre service et à me conduire en honnête homme.

LE COMMISSAIRE

Ah c'est comme ça ? Eh bien attendez, mon gaillard, je vais vous apprendre à me parler avec les égards qui me sont dus ! En voilà encore un voyou ! — Est-ce que je vous connais, moi ? Est-ce que je sais qui vous êtes ? Vous dites habiter rue Pétrelle : rien ne me le prouve ! Vous dites vous nommer Breloc : je n'en sais rien. Et puis d'ailleurs, c'est bien simple. La question va être tranchée.

Le commissaire court à la porte, qu'il ouvre. Entrée de l'agent.

LE COMMISSAIRE

Emparez-vous de cet homme-là, et collez-le-moi au violon !

BRELOC

Ça, par exemple, c'est un comble !

L'AGENT, secouant Breloc.

Allez ! Allez ! Au bloc ! Et pas de rouspétance !

BRELOC, emmené presque de force.

Eh bien, que j'en trouve encore une !... que j'en trouve encore une, de montre.

Il disparaît.

SCÈNE V

LE COMMISSAIRE, puis FLOCHE et DEUX AGENTS

LE COMMISSAIRE

Breloc ! Breloc ! Est-ce que je sais, moi, si cet homme-là s'appelle Breloc ? A la rigueur, moi aussi, je pourrais m'appeler Breloc ! Si on les écoutait, ils s'appelleraient tous Breloc ! (Allant à la fenêtre.) Saperlipopette, il vient un vent par cette fenêtre !

A ce moment, bruit à la cantonade. La porte s'ouvre violemment, livrant passage à Floche, qui se débat entre deux gardiens de la paix.

FLOCHE

Le commissaire ! Où est le commissaire ? Je veux parler au commissaire !

LE COMMISSAIRE aux agents

Qu'est-ce qu'il y a ?

FLOCHE

C'est vous le commissaire ?

LE COMMISSAIRE

Oh ! pas tant de bruit, s'il vous plait. Vous parlerez quand je vous y inviterai. — De quoi s'agit-il, Lagrenaille ?

L'AGENT LAGRENAILLE

C'est monsieur qui faisait de l'esclandre à l'angle de la rue de Dunkerque et du faubourg Poissonnière, en débinant la République. Comme les passants assemblés concouraient de toutes parts au désordre de la rue, nous avons hâté le pas, mon collègue et moi, et avons engagé monsieur à satisfaire de bonne grâce aux lois de la circulation. Sur le refus qu'il nous opposa, nous l'avons pris par le bras, sans violence, et l'avons amené au commissariat.

LE COMMISSAIRE

A-t-il fait de la rébellion ?

L'AGENT LAGRENAILLE

Non, Monsieur le Commissaire.

LE COMMISSAIRE

Vous a-t-il injuriés ?

L'AGENT LAGRENAILLE

Du tout.

FLOCHE

Je n'avais pas de raison pour être malhonnête avec des agents comme il faut. Quant à de la rébellion, j'aime trop l'autorité pour n'en avoir pas le respect.

LE COMMISSAIRE

Voilà un principe de conduite auquel vous auriez dû vous conformer plus tôt.

FLOCHE

Par exemple ?

LE COMMISSAIRE

Quand les agents vous ont prié de circuler.

FLOCHE discret, mais ironique.

Oh ça !...

LE COMMISSAIRE

Quoi, oh ça ?

FLOCHE

Je dis : « Oh ! ça !... » Dire : « Oh ça ! », c'est le droit de tout le monde.

LE COMMISSAIRE

Oui, mais ce qui n'est le droit de personne, c'est de se livrer, comme vous l'avez fait, à des démonstrations publiques, et de tenir à haute voix des propos séditieux.

FLOCHE

La République me dégoûte.

LE COMMISSAIRE

Ce n'est pas une raison suffisante pour que vous essayiez d'en dégoûter les autres.

FLOCHE concis et éloquent.

Ça encore !... (Il rit.)

LE COMMISSAIRE

Quoi, ça encore ?

FLOCHE

Je dis : « Ça encore !... » Ça vous choque ?

LE COMMISSAIRE

Oui, ça me choque : et puisque vous le prenez comme ça, le paysage va changer d'aspect. (Aux agents.) Je vous remercie.

Sortie des agents. Un temps.

LE COMMISSAIRE, entre ses dents.

« Ça encore !... » (Haussement d'épaules. — Il prend une feuille de papier, trempe sa plume dans l'encre et se dispose à écrire.) Comment vous appelez-vous ?

FLOCHE

Floche.

LE COMMISSAIRE

Avec ou sans S ?

FLOCHE

Sans S.

LE COMMISSAIRE

Vos prénoms ?

FLOCHE

Jean-Édouard. Domicile : rue des Vieilles-Haudriettes, 129.

LE COMMISSAIRE

Votre profession ?

FLOCHE

Je n'en ai pas. J'ai un petit capital qui travaille pour moi.

LE COMMISSAIRE

Vous êtes décoré ?

FLOCHE

Qui ? Moi ? Non.

LE COMMISSAIRE

Alors ça ? (Il désigne le large ruban rouge qui pare la boutonnière de Floche).

FLOCHE

Ça ? C'est un pense-bête. (Il rit.) J'ai la mémoire assez indocile, je vous dirai. Elle a tendance à faire l'école buissonnière, si bien que je suis contraint de lui mettre un licou. D'où ce ruban qui la rappelle, quand le besoin s'en fait sentir, au sentiment de sa mission. C'est nouveau et ingénieux, supérieur au mouchoir corné, qui perd toute efficacité si vous n'êtes affligé du rhume de cerveau, et à l'épingle sur la manche qui a le tort de vous signaler comme étourneau à la raillerie des imbéciles.

LE COMMISSAIRE

Soit ! mais si ce ruban ne vous signale pas à la raillerie des imbéciles, il peut vous signaler à l'attention des juges et vous valoir six mois de prison. Enlevez-moi ça, hein ! (Floche retire le ruban.) — Votre âge ?

FLOCHE, s'asseyant.

Avez-vous idée d'un poète composant une tragédie dans un salon où un professeur de piano ferait des gammes du matin au soir? (Stupéfaction du commissaire.) Non, n'est-ce pas? Eh bien ma mémoire est à l'image de ce poète : elle est logée en un cerveau où le génie fait trop de musique.

LE COMMISSAIRE

Vous êtes un faiseur d'embarras. Je vous invite à garder pour vous vos phrases à panache dont je n'ai que faire, et à répondre à mes questions. Je vous demande quel âge vous avez.

FLOCHE

Vingt-cinq ans.

LE COMMISSAIRE

Plaît-il?

FLOCHE

Vingt-cinq ans.

LE COMMISSAIRE

Comment, vingt-cinq ans !... Vous avez vingt-cinq ans?

FLOCHE

Oui.

LE COMMISSAIRE, rectifiant.

Vous les avez *eus*.

FLOCHE

C'est bien pourquoi je les ai gardés.

LE COMMISSAIRE

Drôle de raisonnement !

FLOCHE

Drôle en quoi ? Il est logique comme une démonstration d'algèbre, lumineux comme un clair de lune et simple comme une âme d'enfant. J'ai *eu* vingt-cinq ans ! Oui, parbleu ! Seulement le jour où je les eus, je me suis dit à moi-même : « Bel âge ! Tenons-nous-y ! » Je m'y suis donc tenu, je continue à m'y tenir, et je m'y tiendrai jusqu'à ce que mort s'ensuive, (très poli), avec votre permission.

Un silence.

LE COMMISSAIRE

Un mot. Il est bien entendu que vous ne vous moquez pas de moi ?

FLOCHE

Je ne vois rien dans mes allures, dans ma tenue ni dans mon langage, qui puisse vous autoriser à une supposition semblable.

LE COMMISSAIRE

C'est que, précisément...

FLOCHE

J'attendais l'objection. Elle était fatale en un temps où la raison se promenant gravement par les rues, la tête en bas et les jambes en l'air, on en est venu petit à petit à ne plus distinguer nettement ce qui est le vrai de ce qui est le faux, puis à prendre le faux pour le vrai, l'ombre pour la lumière, le soleil pour la lune et le bon sens pour l'égarement. C'est ainsi que ma femme, qui est devenue folle au contact d'un air saturé de folie, tire des plans pour me faire fourrer à Charenton. (Il s'égaye.)

LE COMMISSAIRE, faussement étonné.

Se peut-il !... Elle aurait une punaise dans le bois de lit ?

FLOCHE

Et un rat dans la contrebasse !

LE COMMISSAIRE, à part.

Je suis fixé. (Haut.) Monsieur...

FLOCHE

Le cas de cette malheureuse, qui est, à peu de chose près, celui de la foule tout entière, devait naturellement tenter l'esprit de logique et d'analyse d'un moraliste équilibré. Aussi ai-je conçu le projet de l'étudier tout au long, avec ses effets et ses causes, en un ouvrage intitulé : *Le Daltonisme mental*...

LE COMMISSAIRE

Monsieur...

FLOCHE

... ouvrage d'une haute portée philosophique,...

LE COMMISSAIRE

Sans doute, mais...

FLOCHE

... fruit de mes réflexions ; filles elles-mêmes de mes longues veilles...

LE COMMISSAIRE

Mon Dieu...

FLOCHE

.. et dont je prendrai la liberté de vous développer les grandes lignes. Monsieur... (Il s'interrompt.) Pardon.

Il se lève et gagne le fond du théâtre.

LE COMMISSAIRE, vaguement inquiet, à part.

Oh ! mais il m'embête, cet homme-là ! — Ah ça ! il ferme la porte !

Il se précipite, mais déjà Floche est redescendu en scène. la bouche fleurie d'un sourire.

FLOCHE

Vous voyez : je fais comme chez moi.

LE COMMISSAIRE

En effet, et c'est le tort que vous avez. — Ma clef !

FLOCHE

Votre clef ?

LE COMMISSAIRE

Oui ; ma clef !

FLOCHE

Quelle clef ?

LE COMMISSAIRE

Le clef de cette serrure.

LE COMMISSAIRE

Eh bien ?

FLOCHE

Rendez-la-moi.

FLOCHE, très doucement.

Non.

LE COMMISSAIRE

Non ?

FLOCHE

Non.

LE COMMISSAIRE

Pourquoi ?

FLOCHE

Parce que j'aime mieux la garder dans ma poche. Vous n'avez aucun intérêt à ce que cette porte soit ouverte, et moi, j'en trouve un grand à ce qu'elle soit fermée. Je veux bien, vous, magistrat officiel, vous mettre dans le secret des dieux ; mais l'aller confier au hasard d'une porte qui peut s'entrebâiller sans bruit, l'aller jeter en pâture à l'oreille indiscrète du premier goussepin qui passe, c'est une autre paire de manches. — Monsieur, le vent de folie qui souffle de toutes parts prend naissance dans un quiproquo : dans le malentendu survenu entre la Nature, qui commande, et l'Homme, qui n'exécute pas ; entre les intentions bien arrêtées de l'une et l'interprétation à rebrousse-poil de l'autre.

LE COMMISSAIRE, pris de la bravoure des poltrons qui se jettent
à l'eau.

Si vous ne me rendez pas ma clef à l'instant même,
j'appelle à l'aide, j'enfonce la porte, et je vous fais
expédier à l'Infirmerie du Dépôt, ficelé comme un
saucisson. Vous avez compris ?

FLOCHE

A merveille. (Il met la main à sa poche, tire un revolver et
en braque le canon sur le commissaire.) Si vous dites un mot,

si vous faites un geste, si vous cessez un seul instant
de me regarder dans le blanc de l'œil, je vous envoie
six coups de revolver par le nez et je vous fais éclater
la figure comme une groseille à maquereau !... Qui
est-ce qui m'a bâti un fou furieux pareil ?

LE COMMISSAIRE

Ah, c'est moi le...?

FLOCHE

Silence ! ou ça va mal tourner ! Je suis bon enfant, mais je n'aime pas les fous !

LE COMMISSAIRE, terrifié.

Je comprends ça !

FLOCHE

Le fou, c'est mon ennemi d'instinct, entendez-vous ?... c'est ma haine, c'est ma rancune ! La vue d'un fou suffit à me mettre hors de moi, et quand je tiens un fou à portée de ma main, je ne sais plus, non, je ne sais plus, de quoi je ne serais pas capable !

LE COMMISSAIRE, à part.

C'est la crise ! Je suis dans de beaux draps.

> Les deux hommes se regardent dans les yeux. Le commissaire, visiblement, ne donnerait pas deux sous de sa peau. Mais, dans l'instant où il commence à recommander son âme à Dieu :

FLOCHE, partant d'un grand éclat de rire.

Savez-vous que pour un commissaire, vous êtes plutôt sujet au trac ?

LE COMMISSAIRE, qui ne comprend plus.

Moi ?

FLOCHE

Vous en avez eu, une peur.

LE COMMISSAIRE

Je vous assure...

FLOCHE

Allons, ne faites pas le modeste. Vous en tremblez encore comme de la gelée de veau ! (Un peu moqueur.) Comment, vous n'avez pas compris que je vous faisais une farce ?... Ai-je donc la figure d'un homme qui caresse de mauvais desseins ?

LE COMMISSAIRE

Non, certes ! Mais c'est ce...

FLOCHE

Ce quoi ?

LE COMMISSAIRE

Ce revolver. Un malheur est si vite arrivé, comme on dit !

FLOCHE

Vous dites des enfantillages. Une arme n'est dangereuse qu'aux mains d'un maladroit, et je suis maître de la mienne comme un bon écrivain est maître de sa langue. Songez que je vous crève un as à vingt-cinq pas, ou que je vous guillotine une pipe, le temps de compter jusqu'à quatre !

LE COMMISSAIRE, feignant le plus vif intérêt.

Vraiment ?

FLOCHE

Vraiment ! — D'ailleurs, vous allez en juger.

LE COMMISSAIRE

Hein ? Quoi ? Qu'est-ce que vous allez faire ?

FLOCHE

Vous allez voir. Ne bougez pas.

Il rompt de quelques pas et braque son revolver sur le commissaire aux cent coups.

LE COMMISSAIRE, qui ne veut rien savoir.

Non ! Non !

FLOCHE

Ne bougez donc pas, crebleu ! Je vous dis qu'il n'y a pas de danger. La balle va vous passer au ras de l'oreille gauche ; vous allez l'entendre siffler ; c'est très curieux. Attention !... Une !... Deux !...

LE COMMISSAIRE, lancé dans des sauts de cabri.

Je ne veux pas !

FLOCHE, retombant sans transition de l'accalmie à la fureur.

Nom de Dieu d'imbécile ! Buse ! Brute ! Une seconde de plus, le coup partait ; je lui logeais une balle dans la peau ! (Hors de lui.) Et vous croyez que, des êtres pareils, la société ne ferait pas mieux de les détruire ? Tenez (tirant la lame de sa canne à épée), je ne sais ce qui me retient de vous clouer au mur comme une chauve-souris avec vingt pouces de fer dans le ventre !

LE COMMISSAIRE, réfugié derrière la table.

Ça recommence ? Après le feu, le fer ? Zut ! à la fin ! C'est assommant ! On ne peut pas être tranquille une minute, avec vous !

FLOCHE, laissant tomber son épée.

Insensé !

LE COMMISSAIRE

Eh non !

FLOCHE

Grelot vide ! Timbre fêlé ! Tête sans cervelle !...

LE COMMISSAIRE

Je vous jure que vous êtes dans l'erreur. Vous vous faites, de mes facultés, une idée qui n'est pas la bonne.

FLOCHE

Oui, je sais ! Vous êtes le fou traditionnel, classique, celui qui prêche et qui vend la sagesse. Mais, pauvre idiot, tout, en vous, tout respire et trahit la démence !... depuis la bouffonnerie de votre accoutrement jusqu'à l'absurdité sans nom de votre visage !

LE COMMISSAIRE

Trop aimable !

FLOCHE, qui est venu à la table.

Et puis, qu'est-ce que c'est que toute cette paperasserie ? Ça ne sert à rien !

LE COMMISSAIRE

Mais si.

FLOCHE

Mais non ! Erreur de vos sens abusés !

Il rafle le tas de procès-verbaux, pièces à légaliser, etc., etc., et sème le tout par les libres espaces.

LE COMMISSAIRE

Oh ! cré nom !

FLOCHE, qui est venu se poster devant le cartonnier.

Et ces cartons ?... Ça n'a aucune utilité.

LE COMMISSAIRE

Permettez !

FLOCHE

Illusions !... Chimères !...

Il dit, et les cartons, violemment arrachés à l'étreinte de leurs alvéoles, voltigent, à leur tour, par les airs, en lâchant des torrents d'affaires à l'instruction.

LE COMMISSAIRE, consterné.

Ah ! c'est gai !

Soudain.

FLOCHE, avisant le feu qui flambe dans la cheminée.

Et ça ! ! !

LE COMMISSAIRE

Quoi, ça ?

FLOCHE, désignant l'âtre.

Ça !

LE COMMISSAIRE

C'est du feu.

FLOCHE, les bras au ciel.

Du feu ! (Éclatant d'un rire épileptique.) Du feu au mois de janvier !

LE COMMISSAIRE

Eh bien ?

FLOCHE, au public.

Est-il bête ! Alors non ? Vous ne comprenez pas qu'à moins d'être un énergumène, on ne doit faire de feu que pendant les grandes chaleurs ?

LE COMMISSAIRE

A cause ?

FLOCHE, solennel.

A cause que la Nature, — qui, seule et toujours, a raison, — exige que l'homme ait chaud l'été, comme elle veut qu'il ait froid l'hiver ! — Éteignez-moi ce brasier.

LE COMMISSAIRE

Non.

FLOCHE, *du ton d'un monsieur qui ne plaisante pas.*

Vous ne voulez pas l'éteindre ?

LE COMMISSAIRE, *persuadé.*

Si !

Il se lève ; se dirige lentement vers la cheminée. Un temps.

FLOCHE

Et au trot !

Le commissaire se hâte. Une carafe est sur la cheminée. Il la prend, et de son contenu inonde les bûches du foyer. Sur quoi :

FLOCHE

La nature ordonne que, l'hiver, l'homme soit exposé à mourir de congestion pulmonaire, phtisie galopante, pleurésie, pneumonie et autres. — Ouvrez cette fenêtre.

LE COMMISSAIRE

Non.

FLOCHE, *menaçant.*

Vous ne voulez pas l'ouvrir ?

LE COMMISSAIRE

Si !

Il se dirige à petits pas vers la fenêtre.

FLOCHE

Et que ça ne traîne pas !

Le commissaire, épouvanté, gagne la fenêtre, qu'il ouvre toute grande. Ceci fait :

FLOCHE

Enfin, elle veut et commande que l'homme, l'hiver, ait les pieds gelés. — Enlevez vos godillots.

LE COMMISSAIRE

Ah ! non !

FLOCHE, l'arme braquée.

Vous ne voulez pas les enlever ?

LE COMMISSAIRE

Si.

> Scène muette. Le commissaire, résigné et navré, se décide à ôter ses chaussures. Mimique de Floche qui attend. A la fin, les souliers enlevés et déposés côte à côte près des pieds libérés de leur propriétaire, le fou s'en empare. et, à toute volée, les envoie, par la fenêtre ouverte, voir au dehors si le printemps s'avance. Là-dessus :

FLOCHE, avisant le placard où l'on a vu le commissaire puiser une pelletée de coke au commencement de l'acte.

Qu'est-ce que c'est que ça ?

LE COMMISSAIRE

Le placard au charbon.

FLOCHE

Bien. Entrez-y.

LE COMMISSAIRE

Vous dites ?

FLOCHE

Je dis : « Entrez-y ! »

LE COMMISSAIRE

Mais...

FLOCHE, formidable

Vous ne voulez pas ?

LE COMMISSAIRE, vaincu, donc convaincu.

Je ne fais que ça.

> D'un pas de condamné à mort, le pauvre commissaire s'achemine vers le placard dont Floche lui tient la porte ouverte. Là, courte hésitation. Brusquement, d'une main agacée, Floche le saisit par le fond de la culotte, l'envoie dans le noir, ramène la porte et la verrouille.
>
> Puis il redescend la scène, va au bureau du commissaire, prend son chapeau haut de forme et rétablit les huit reflets après avoir apposé dans son chapeau un coup du timbre à tampon. Il se coiffe. D'une pichenette il fait disparaître un grain de poussière égaré sur sa manche, puis automatiquement, en faisant aller les bras, il manœuvre en criant : *une, deux ; une, deux*. Il ouvre la porte, voit les deux agents de garde, les salue poliment et sort.

SCÈNE VI

DEUX AGENTS, LE COMMISSAIRE

Un temps.

> Soudain, la porte s'ouvre. Apparition d'un des agents qui avaient amené Floche.

L'AGENT, après avoir regardé.

Lagrenaille ! Lagrenaille !

LAGRENAILLE, qui survient.

Hé hâ?

L'AGENT

Où est donc le patron?

LAGRENAILLE

Je n'en sais rien.

L'AGENT

Eh bien, elle est raide, celle-là!

LAGRENAILLE, qui aperçoit le chapeau du commissaire.

V'là son tube.

L'AGENT, qui voit le pardessus.

Sa pelure!

LAGRENAILLE, désignant le parapluie.

Son pépin!

Un silence.

L'AGENT, les bras cassés de stupeur.

Ah! nom de Dieu!

LAGRENAILLE, brusquement.

La fenêtre!

Ils se précipitent, se penchent, regardent à droite et à gauche.

L'AGENT

Rien!

LAGRENAILLE

Rien !

L'AGENT

Ça m'a donné un coup !

LA VOIX DU COMMISSAIRE, *perdue dans le placard.*

Lagrenaille !

LAGRENAILLE

Écoute voir ?

LA VOIX DU COMMISSAIRE

Garrigou !

L'AGENT

On m'appelle !

LA VOIX DU COMMISSAIRE

A moi !

LAGRENAILLE

C'est le patron !

L'AGENT

Dieu me pardonne, est-ce qu'il n'est pas dans le charbon de terre !

Il va au placard, qu'il ouvre.

LE COMMISSAIRE, *qui jaillit, pareil à un diable à surprise, la figure noircie de charbon.*

Au fou ! Au fou !... Des cordes !... des courroies !...

des chaînes!... Qu'on aille chercher le panier à salade!... Téléphonez au préfet de mobiliser les pompiers et la garde républicaine!... La ville est menacée!... Au fou!

RIDEAU

Théâtre Antoine : 11 Décembre 1900.

L'Article 330

PERSONNAGES

LA BRIGE. LE PRÉSIDENT. LE SUBSTITUT. L'HUISSIER.

Une salle d'audience au Palais de Justice.

Au lever du rideau, coup de sonnette. Un garçon de bureau se précipite et va ouvrir à deux battants la porte de la chambre du Conseil.

L'HUISSIER

Le tribunal ! Découvrez-vous, Messieurs ! (Les trois juges viennent prendre leurs places.)

LE PRÉSIDENT

L'audience est reprise !... Appelez, huissier.

L'HUISSIER

Le Ministère Public contre La Brige. Outrage public à la pudeur. — La Brige !

La Brige s'avance à la barre.

LE PRÉSIDENT

Vos nom, prénoms et domicile.

LA BRIGE

La Brige, Jean-Philippe, trente-six ans, 5 *bis*, avenue de La Motte-Picquet.

LE PRÉSIDENT

Votre profession ?

LA BRIGE

Philosophe défensif.

LE PRÉSIDENT

Comment ?

LA BRIGE

Philosophe défensif.

LE PRÉSIDENT

Qu'est-ce que vous voulez dire par là ?

LA BRIGE

Je veux dire que, déterminé à vivre en parfait honnête homme, je m'applique à tourner la loi, partant à éviter ses griffes. Car j'ai aussi peur de la loi, qui menace les gens de bien dans leur droit au grand air, que des institutions en usage qui les lèsent dans leurs patrimoines, dans leur dû et dans leur repos.

LE PRÉSIDENT

Voilà de singulières doctrines.

LA BRIGE

Les doctrines, inspirées par la sagesse même, d'un homme qui, n'ayant de sa vie bu outre mesure, frappé ni injurié personne, fait tort d'un sou à qui que ce soit, ne s'est jamais levé le matin sans se demander avec inquiétude s'il coucherait le soir dans son lit.

LE PRÉSIDENT

Vous êtes anarchiste ?

LA BRIGE, haussant les épaules.

Ah ! la la !... La République serait bien ce qu'il y a de plus bête au monde, si l'anarchie n'était plus bête qu'elle encore. Non, je suis pour Philippe-Auguste, ou pour Louis X, dit le Hutin. C'est d'ailleurs un fait connu qu'il n'y a plus un seul républicain en France. Tout le monde le sait, personne n'en convient, et les affaires n'en vont, pour cela, ni mieux, ce qui serait surprenant, ni plus mal, ce qui serait difficile.

LE PRÉSIDENT

Vous n'avez jamais eu de condamnations ?

LA BRIGE

Jamais.

LE PRÉSIDENT

Ça m'étonne.

LA BRIGE

Je vous crois sans peine ; mais je suis un gaillard habile.

LE PRÉSIDENT, ironique.

Soit dit sans vous flatter.

LA BRIGE

Sans me flatter, en effet, puisque j'ai résolu le difficile problème de pouvoir, à trente-six ans, justifier à la fois et d'un passé sans tache, et d'un casier judiciaire sans souillure.

LE SUBSTITUT

Voilà de bien grands mots : mettons les choses au point. Vous n'avez jamais eu de condamnations, c'est vrai, mais les renseignements recueillis sur votre compte ne sont guère en votre faveur. Ils vous représentent comme un personnage de commerce presque impossible, comme une façon de Chicaneau, processif, astucieux, retors, éternellement en bisbille avec le compte-courant de la vie. Les juges ne sont occupés qu'à trancher vos petits différends avec le commun des mortels, et les archives des commissariats regorgent de procès-verbaux dont votre nom fait les frais. (Feuilletant des notes placées devant lui.) Un jour, c'est un cocher de fiacre que vous gardez huit heures sous une pluie battante, devant la terrasse d'un café, et qui, exaspéré enfin, proteste et ameute la foule.

LA BRIGE

Cet homme, auquel j'avais allongé trente-six sous pour une course de cinq minutes, exigeait que je lui règle l'heure, m'ayant arrêté deux secondes à la porte d'un bureau de tabac. Il excipait de son droit, je m'enfermai dans le mien.

LE SUBSTITUT

Une autre fois, c'est un conducteur de tramway auquel vous prétendez payer les quinze centimes de votre place avec un billet de mille francs.

LA BRIGE

Le contrôleur m'avait refusé une correspondance valable, parce que je l'avais cassée en glissant sur le pavé gras, — non pour mon agrément, je vous prie de le croire. Je rendis en mauvaise grâce la monnaie d'une telle mauvaise foi. — Libre à vous de lever les épaules ; chacun, en ce bas monde, étant maître de sa vie, en dispose comme il l'entend. Pour moi, j'ai commencé par mettre la mienne au service de celle des autres, dans l'espérance que les autres s'en apercevraient un jour et me sauraient gré de mes bonnes intentions. Malheureusement, il est, pour l'homme, deux difficultés insolubles : savoir au juste l'heure qu'il est, et obliger son prochain. Dans ces conditions, écœuré d'avoir tout fait au monde pour être un bon garçon et d'avoir  réussi à n'être qu'une poire, dupé, trompé, estampé, acculé, finalement, à cette conviction que le raisonnement de l'humanité tient tout entier dans cette bassesse : « Si je ne te crains pas, je me fous de toi », j'ai résolu de réfugier désormais mon égoïsme bien acquis sous l'abri du toit à cochons qui s'appelle la Légalité.

LE PRÉSIDENT

Quand vous aurez fini de faire du paradoxe, le Tribunal passera à l'examen de la cause.

LA BRIGE

Je ne fais pas de paradoxe : je n'en ai fait de ma vie et ne suis pas près d'en faire, en ayant le dégoût, l'exécration et la crainte, comme d'une fille publique qu'il est. La vérité, c'est que nous vivons dans un pays d'où le bon sens a cavalé, au point que M. de La Palisse y passerait pour énergumène, et qu'un homme de jugement rassis, d'esprit équilibré et sain, ne saurait prêcher l'évidence, la démontrer par A + B, sans se voir taxé d'extravagance et menacé, à l'instant même, de la camisole de force.

LE PRÉSIDENT

Finissons-en.

LE SUBSTITUT

J'allais le dire. Vous êtes ici pour répondre aux questions qui vous seront posées et non pour vous répandre en périodes oratoires qui n'ont rien à faire en cette enceinte.

LA BRIGE

Qu'on me questionne.

LE PRÉSIDENT

Vous savez de quoi vous êtes prévenu ?

LA BRIGE

Du tout. De quoi ?

LE PRÉSIDENT

D'avoir montré votre derrière.

LA BRIGE

Moi?

LE PRÉSIDENT

Vous.

LA BRIGE

A qui?

LE PRÉSIDENT

A treize mille six cent quatre-vingt-sept personnes dont les plaintes sont au dossier.

LA BRIGE

J'invoque la pureté notoire de mes mœurs. Montrer mon derrière ! Pourquoi faire ?

LE PRÉSIDENT

C'est ce qu'établiront les débats. En attendant, treize mille six cent quatre-vingt-sept personnes déclarent, je vous le répète, l'avoir vu.

LA BRIGE

Trop poli pour les démentir, je consens à ce qu'elles l'ait vu, mais je nie formellement le leur avoir montré.

LE SUBSTITUT

Vous jouez sur les mots.

LA BRIGE

Pas si bête ! Je m'efforce, au contraire, de les emprisonner dans leur véritable sens, dès lors, de présenter les choses sous leur véritable jour.

LE PRÉSIDENT

Bref, vous niez les faits qui vous sont reprochés ?

LA BRIGE

Je nie tomber sous le coup de l'article 330 qui prévoit et punit le délit d'outrage public à la pudeur.

LE PRÉSIDENT

Vous pouvez vous asseoir. (La Brige se rassied.) Il y a des témoins ?

LE SUBSTITUT

Il y en aurait eu trop, Monsieur le Président. Le Ministère Public a donc pris le parti de n'en faire citer aucun. Aussi bien, le délit, hors de discussion, fait l'objet d'un constat de M° Legruyère, huissier à Paris, constat dressé en bonne et due forme dans les termes requis par la loi, et dont je demanderai au Tribunal la permission de lui donner lecture.

LE PRÉSIDENT

Le Tribunal vous écoute. Lisez, Monsieur le Substitut.

LE SUBSTITUT, lisant.

« L'an 1900, le 21 septembre, j'ai, Jean, Alfred, « Hyacinthe... »

LA BRIGE, à mi-voix.

Tous les huissiers s'appellent Hyacinthe ; on n'a jamais su pourquoi.

L'HUISSIER

Silence !

LE SUBSTITUT

« ... Jean, Alfred, Hyacinthe, Legruyère, huissier
« près le tribunal de première instance séant à Paris,
« été requis par la Société des Transports Électri-
« ques de l'Exposition, aux fins de dresser dû et légal
« constat contre La Brige, Jean-Philippe, comme con-
« trevenant habituelle-
« ment aux lois sur la
« morale publique et
« scandalisant par l'ex-
« hibition constante de
« sa nudité la pudeur
« des personnes véhicu-
« lées du Champ-de-
« Mars aux Invalides,
« au moyen du Trottoir
« Roulant. En consé-
« quence, nous étant
« rendu sur ledit Trot-
« toir Roulant, et étant
« parvenu avenue de La
« Motte-Picquet, devant
« l'immeuble numéroté

« 5 bis, nous avons nettement distingué, au fond d'un
« appartement révélé à tout un chacun par l'écarte-
« ment d'une croisée grande ouverte, une sorte de
« sphère imparfaite, fendue dans le sens de la hau-
« teur, offrant assez exactement l'aspect d'un trèfle à
« deux feuilles, et que nous avons reconnue pour
« être la partie inférieure et postérieure d'une per-
« sonne courbée comme pour baiser la terre. »

LA BRIGE

Je ne baisais pas la terre.

L'HUISSIER

Silence, donc !

LE PRÉSIDENT

Tout à l'heure.

LA BRIGE

Je cherchais une pièce de deux sous.

LE SUBSTITUT, lisant.

« Trente-sept minutes après, le Trottoir Roulant
« ayant achevé son parcours, nous nous trouvâmes
« ramené à notre point de départ, où étant, nous
« pûmes constater que les choses étaient toujours
« dans le même état. Une deuxième fois, *item*. Une
« troisième fois, *item*. Une quatrième fois, *item*. »

LE PRÉSIDENT, à la Brige.

Vous cherchiez toujours vos deux sous ?

LA BRIGE

Ils avaient glissé sous un meuble, je tâchais de les ramener à moi avec le bout de mon parapluie

LE PRÉSIDENT, haussant les épaules.

En voilà des explications ! Achevez, Monsieur le substitut.

LE SUBSTITUT, lisant.

« Nous avons également remarqué que les faits
« relatés ci-dessus, loin de passer inaperçus aux

« yeux des personnes placées sur la plate-forme
« électrique, paraissaient exciter chez la plupart
« d'entre elles un mécontentement des plus vifs,
« d'où des protestations nombreuses et de bruyantes
« exclamations, au nombre desquelles il convient de
« mentionner les suivantes : « C'est dégoûtant. —
« Goujat. — Cochon. — O Ciel. — Qu'est-ce que
« je vois. — C'est une infamie. — Amélie, je te dé-
« fends de regarder par là. » De tout quoi nous
« avons dressé le présent constat pour la requé-
« rante en faire tel usage que de droit, et lui en
« avons laissé la présente copie dont le coût est de
« 11 fr. 25, plus une feuille de papier spécial du
« prix de 60 centimes. »

LE PRÉSIDENT

La Brige !

LA BRIGE, qui se lève.

Monsieur le Président ?

LE PRÉSIDENT

Avez-vous des observations à présenter ?

LA BRIGE

J'ai à présenter ma défense.

LE PRÉSIDENT

Vous tâcherez d'être bref.

LA BRIGE

Je tâcherai d'être clair. Je n'ai que faire de la

parole, si le tribunal qui me la donne me marchande en même temps le droit de m'en servir.

LE SUBSTITUT

Le tribunal vous a épargné des dépositions accablantes.

LA BRIGE, souriant.

Je lui fais grâce d'une plaidoirie d'avocat. Nous aurons donc rivalisé de générosité et de grandeur d'âme. Au reste, voici les faits dans toute leur simplicité. — Le 15 janvier 1898, muni d'un bail trois-six-neuf, je vins occuper, au premier étage de la maison située 5 *bis*, avenue de La Motte-Picquet, un appartement de 1,500 francs. J'aime ce coin que le voisinage des couvents et des quartiers de cavalerie emplit du bruit des sonneries et des cloches, où les dimanches de beau temps attablent les soldats et le peuple aux terrasses des cabarets, et qui trouve le moyen de n'être plus Paris tout en n'étant pas la province. Il est favorable à l'étude et propice à la rêverie. J'y rêvais donc en paix et y étudiais dans le calme, comme j'en avais acquis le droit, lorsque la Société des Transports Electriques, sous prétexte de concourir à la gloire de l'Exposition, vint contribuer de façon imprévue au pittoresque du quartier. Et, de cet instant, ce fut gai ! De huit heures du matin à onze heures du soir, prenant par conséquent sur mon sommeil du soir si j'entendais me coucher tôt et sur mon sommeil du matin si j'entendais me lever tard, le Trottoir — le Trottoir Roulant ! — se mit à charrier devant mes fenêtres des flots de multitude entassée : hommes, femmes, bonnes d'enfants et soldats ; tous gens d'esprit, d'humeur joviale, qui débinaient mon mobilier, crachaient chez moi et glissaient de tribord à bâbord en chantant à mon intention : « Oh la la ! c'te gueule, c'te binette ! », cependant qu'échappés à des doigts bienveillants, les noyaux de cerise pleuvaient dans ma chambre à coucher, alternés de cacaouets, d'olives et de pépins de potirons. (Rire des magistrats.) Je demanderai au

Tribunal la permission de ne pas m'associer à sa joie, que je comprends, mais que je ne saurais partager, pour des raisons qui me sont propres.

LE PRÉSIDENT

Au fait ! Au fait !

LA BRIGE

J'y arrive. — Légitimement stupéfait, fort de l'article] 1382 du Code civil ainsi conçu : « *Tout fait qui cause à autrui un dommage, oblige celui qui l'a causé à en donner réparation* », j'assignai en référé la Société des Transports Electriques qui me dit : « Je ne vous connais pas ; je ne sais pas ce que vous voulez me dire. J'ai passé, moi Société, avec la Commission de l'Exposition, un contrat m'autorisant à faire rouler mon Trottoir du Champ-de-Mars aux Invalides en passant par l'Avenue de La Motte-Picquet. Si, en me concédant ce pouvoir, l'Exposition a outrepassé le sien, prenez-vous-en à elle et laissez-moi tranquille. »

LE PRÉSIDENT

La Société avait raison.

LA BRIGE

Cent fois ! Aussi, ayant, sans récriminations, payé les frais du procès, assignai-je en référé la Commission de l'Exposition qui me dit : « Je ne vous connais pas ; je ne sais pas ce que vous voulez me dire. J'ai passé, moi Exposition, des contrats synallagmatiques avec les concessionnaires de terrains, contenus, circonscrits, enfermés, à l'intérieur de mes palissades. Est-ce votre cas ? Ai-je pris avec vous des engagements que je n'ai pas tenus ? — Non ? — Eh bien, qu'est-ce que vous me chantez ?

Si la Ville de Paris a méconnu son devoir en me laissant le pouvoir de concéder un droit, prenez-vous-en à elle et laissez-moi tranquille. »

LE PRÉSIDENT

L'Exposition avait raison.

LA BRIGE

Tellement raison que, pas une minute, l'idée ne me vint de discuter. Ayant donc, pour la seconde fois, acquitté le montant de la carte, j'assignai en référé la Ville de Paris qui me dit... — car cette histoire, en vérité, a l'air d'un refrain de ballade, d'une scie de café-concert ! —... qui me dit : « Je ne vous connais pas ; je ne sais pas ce que vous voulez me dire. J'ai, moi Ville de Paris, moyennant une somme de, cédé à Tailleboudin, votre propriétaire, un terrain que je possédais avenue de La Motte-Picquet, avec droit, pour lui, d'y bâtir un immeuble et d'en tirer des revenus. Vous appelez-vous Tailleboudin ? Avons-nous fait affaire ensemble ? Hein ? Non ? Alors, qu'est-ce que vous réclamez ? — Si votre appartement a cessé de vous plaire, allez demeurer ailleurs et laissez-moi tranquille. »

LE PRÉSIDENT

La Ville avait raison.

LA BRIGE

Parbleu ! — Aussi, beau d'opiniâtreté, assignai-je en référé Tailleboudin, mon propriétaire...

LE PRÉSIDENT

... Qui vous dit : « Je ne vous connais pas... »

LA BRIGE

Au contraire !... qui me dit : « Je vous connais ! Vous êtes un joyeux farceur, et tout ça c'est des trucs pour ne pas payer le terme. Eh bien, mon garçon, ça ne prend pas. Des pépètes, ou la saisie; allez, allez ! » En vain j'objectai : « Permettez ! l'article 1719, qui régit les contrats de louage, oblige le propriétaire à entretenir sa maison en parfait état de service ». — « Je me moque, répondit cet homme, de l'article 1719, car l'article 1725 dit que le propriétaire n'est nullement responsable du trouble apporté par des tiers dans la jouissance de la chose louée. L'avenue de La Motte-Picquet n'est pas à moi. Alors ?... c'est au Conseil d'État à trancher la question. Si vous n'êtes pas satisfait, allez-vous plaindre à lui et laissez-moi tranquille. »

LE PRÉSIDENT

Votre propriétaire est un homme de bon sens qui vous donnait un excellent conseil. Il fallait en effet constituer avoué, puis, devant le Conseil d'État, assigner la Ville de Paris qui aurait assigné à son tour la Société des Transports Électriques, sauf le recours de cette Société contre la commission de l'Exposition, avec le Ministre du Commerce comme civilement responsable. C'était bien simple ! (Au Substitut.) Les gens sont extraordinaires ; ils se noieraient dans un verre d'eau. (A La Brige.) Bref ?

LA BRIGE

Bref, il résultait de l'anecdote, que tout le monde étant dans son droit, je me trouvais être dans mon tort sans avoir rien fait pour m'y mettre. (Ici le Président exprime d'un geste vague le regret de l'homme qui n'y peut mais.)

LA BRIGE

C'est alors que j'imaginai de me plonger dans le faux jusqu'au cou afin d'être aussitôt dans le vrai, puisque neuf fois sur dix, la Loi, cette bonne fille, sourit à celui qui la viole.

LE PRÉSIDENT

Au nom de la Justice, devant laquelle vous êtes, je vous rappelle au respect de la Loi.

LA BRIGE

La Justice n'a rien à voir avec la Loi, qui n'en est que la déformation, la charge et la parodie. Ce sont là deux demi-sœurs, qui, sorties de deux pères, se crachent à la figure en se traitant de bâtardes et vivent à couteaux tirés, tandis que les honnêtes gens, menacés des gendarmes, se tournent les pouces et les sangs en attendant qu'elles se mettent d'accord.

LE SUBSTITUT, exaspéré.

Un mot de plus, je requiers contre vous la juste application de la peine.

LA BRIGE

De laquelle ?... Vous prenez les gens pour des

enfants. L'article 222 ne prévoit et ne punit que l'outrage aux magistrats. Pour ce qui est de la Loi elle-même, j'ai le droit d'en penser ce que je veux et de dire tout haut ce que j'en pense.

LE PRÉSIDENT

En tout cas, vous n'êtes pas ici à la Chambre des Députés. Vous vous moquez du monde! L'article 330...

LA BRIGE

L'article 330 punit de trois mois à deux ans quiconque s'est rendu coupable d'outrage public à la pudeur ; je le connais aussi bien que vous.

LE PRÉSIDENT

A ce compte, aussi bien que moi, vous savez qu'il s'applique à vous comme à tout autre.

LA BRIGE

En principe, oui ; en l'espèce, non.

LE PRÉSIDENT

Comment, non? L'acte qui consiste à se mettre nu devant la foule, ne constitue pas le délit d'outrage à la pudeur?

LA BRIGE

Oui, en principe ; non, en l'espèce.

LE PRÉSIDENT

Parce que?

LA BRIGE

Parce que l'outrage n'est l'outrage que s'il est

effectué, consommé, accompli, dans les conditions de publicité exigées par le législateur.

LE PRÉSIDENT

Encore une fois, treize mille six cent quatre-vingt-sept personnes...

LA BRIGE

... ont vu mon derrière, c'est convenu. Et après ? Elles n'avaient qu'à ne pas le regarder.

LE SUBSTITUT

C'est trop commode !

LA BRIGE

Trop commode !... Est-ce que je l'ai mis à la fenêtre, mon derrière ?... exposé au soleil comme un melon pas mûr ?... « Nous avons distingué, dit l'huissier Legruyère, AU FOND D'UN APPARTEMENT... » — Ce qui est trop commode, Monsieur, c'est de s'emparer du bien des autres et d'en user comme du sien ; c'est de leur carotter leur monnaie sous le prétexte mensonger d'assurer leur droit au sommeil, à l'intimité et au repos, en vertu d'un pouvoir dont on ne dispose pas ; délit prévu et puni par l'article 405.

LE PRÉSIDENT

Ah ça, mais vous connaissez le Code...

LA BRIGE, souriant.

... Comme un simple malfaiteur. Il est même inouï de penser que la connaissance du Code et la crainte de ses conséquences constituent le seul terrain commun aux gens de bien et à la crapule. (Mouvement du Président.) Oh ! Monsieur le Président, pardon ; il faudrait cependant s'entendre et régler à chacun son compte. (Tirant un papier de sa poche :) De l'exploit de l'huissier que voici, — car si vous avez, vous, le constat qui me condamne, j'ai, moi, celui qui m'innocente, — il résulte que mon logement, situé cinq mètres au-dessus du niveau de la rue, en face d'un terrain non construit, échappe au regard des passants, et, plus encore, à celui des voisins, par la raison qu'il n'y en a pas. Il faut donc que les mécontents qui se plaignent d'avoir vu mon derrière, aient accompli des prodiges et payé dix sous pour le voir, et alors de quoi se plaignent-ils, puisque je le leur ai montré ?

LE SUBSTITUT

Vous compliquez la question à plaisir. Vous savez bien que la Justice et l'Administration font deux.

LA BRIGE

Deux quoi ?... Je vous défie de le dire.

LE PRÉSIDENT

Vos démêlés avec la Ville ne sont pas du ressort de la Correctionnelle. Si vous avez à vous plaindre des bureaux, prenez-vous-en à eux...

LA BRIGE

... et laissez-nous tranquilles ; je prévoyais l'objection. Il est malheureusement fâcheux que les bureaux, alliés comme larrons en foire quand il s'agit de faire casquer le contribuable, excipent de leur incompétence et se cachent les uns derrière les autres, sitôt qu'il est question de lui régler son dû... En ce qui me concerne, voici : quitte avec les contributions, ayant, par conséquent, payé de mes deniers le droit de respirer — que Dieu me donna pour rien — puis-je, oui ou non, si j'ai trop chaud, tenir mes fenêtres ouvertes ?

LE PRÉSIDENT

Oui.

LA BRIGE

Dans un logement qui est le mien, puisque j'en acquitte les termes, puis-je oui ou non, si je perds deux sous, me baisser pour les ramasser ?

LE PRÉSIDENT

Oui.

LA BRIGE

Dans ce même logement, puis-je ou non, si la fantaisie m'en prend, me déguiser en Mexicain ?

LE PRÉSIDENT

Oui.

LA BRIGE

En Turc ?

LE PRÉSIDENT

Oui.

LA BRIGE

Et en Écossais ?

LE SUBSTITUT, avec éclat.

Non !

LA BRIGE

Non ?

LE SUBSTITUT

Non !

LA BRIGE

Voilà du nouveau, et voici une drôle de Justice, qui, mise au pied du mur, forcée par la Logique, en arrive à se prononcer entre la Turquie et l'Écosse, au risque d'amener des complications et de troubler sur ses assises l'équilibre européen.

LE SUBSTITUT

C'est bon ! Assez ! Cela suffit ! Je vous vois venir avec vos gros sabots, vos histoires de deux sous et de jupe écossaise qui se soulève sous les courants d'air. M. le Président a dit vrai : vous êtes venu ici pour vous moquer du monde.

LA BRIGE

Du monde, non, mais de la Loi, qui a bien tort de crier au scandale quand un bon garçon comme moi se borne à la châtier en riant. Gare, si un jour les gens nerveux s'en mêlent, lassés de n'avoir pour les défendre contre les hommes sans justice qu'une Justice sans équité, éternellement préoccupée de ménager les vauriens, et toujours prête à immoler le bon droit en holocauste au droit légal dont elle est la servante à gages ! (Cependant, depuis un instant, le Président est entré en conférence avec ses deux assesseurs. La Brige ayant achevé, le Substitut se lève, d'un mouvement exaspéré ; mais le Président, d'un geste pacificateur, le calme et l'invite à se rasseoir. Après quoi :)

LE PRÉSIDENT

La cause est entendue.

Il prononce :

« Le Tribunal, après en avoir délibéré ;

« Attendu qu'il résulte du constat de Legruyère, huissier, et de plaintes au nombre imposant de treize mille six cent quatre-vingt-sept, que La Brige, au mépris des lois sur la décence, a découvert, mis à jour et publiquement révélé une partie de son individu destinée à demeurer secrète ;

« Attendu que le prévenu, tout en reconnaissant l'exactitude des faits qui font l'objet de la poursuite, objecte du droit absolu dévolu à tout locataire, d'user à sa convenance d'un logis qui est le sien, et, notamment, de s'y dépouiller de tout voile si le caprice lui en vient, à condition, bien entendu, de n'être une cause de scandale pour les voisins ni les passants, ce qui est précisément son cas ;

« Attendu que La Brige, contraint et forcé par les

exigences de l'été, de tenir ses fenêtres ouvertes, donc de livrer sa vie privée au contrôle d'une foule indiscrète et goguenarde, prétend que son domicile est devenu l'objet d'une violation de tous les instants : argument d'autant plus sérieux que si le premier venu est en droit de plonger chez les particuliers et de regarder ce qui s'y passe du haut d'un trottoir surélevé, il peut procéder logiquement à l'accomplissement de la même opération au moyen d'une échelle, d'une perche, d'une corde à nœuds ou de tout autre appareil gymnastique, et que, dès lors, l'intimité du chez-soi devient un mot vide de sens ;... »

LA BRIGE

C'est clair comme le jour.

L'HUISSIER

Silence !

LE PRÉSIDENT, prononçant.

« Attendu qu'il n'est rien au monde de plus complètement sacré, de plus parfaitement inviolable que la maison du prochain ; que Cicéron promulgue cette vérité première, et qu'il y a lieu de tenir compte du sentiment de ce jurisconsulte ;... »

LA BRIGE

Parfaitement !... C'est dans le PRO DOMO : « *Quid est sanctius, quid est omni religione...* »

LE PRÉSIDENT

Je vais vous faire mettre à la porte.

LA BRIGE
Mille pardons !

LE PRÉSIDENT, prononçant.

« Mais d'autre part,

« Considérant que la Loi, en dépit de ses lâchetés, traîtrises, perfidies, infamies, et autres imperfections, n'est cependant pas faite pour que le justiciable en démontre l'absurdité, attendu que s'il en est, lui, personnellement dégoûté, ce n'est pas une raison suffisante pour qu'il en dégoûte les autres ;

« Considérant qu'*a priori* un gredin qui tourne la Loi est moins à craindre en son action qu'un homme de bien qui la discute avec sagesse et clairvoyance ;

« Considérant qu'en France, comme, d'ailleurs, dans tous les pays où sévit le bienfait de la civilisation, il y a, en effet, deux espèces de « droit », le bon droit et le droit légal, et que ce *modus vivendi* oblige les magistrats à avoir deux consciences, l'une au service de leur devoir, l'autre au service de leurs fonctions ;

« Considérant, enfin, que si les juges se mettent à donner gain de cause à tous les gens qui ont raison, on ne sait plus où l'on va, si ce n'est à la dislocation d'une société qui tient debout parce qu'elle en a pris l'habitude :

« Pour ces motifs :

« Déclare La Brige bien fondé en son système de défense ;... »

LA BRIGE
Bravo !

LE PRÉSIDENT

« ... l'en déboute cependant ;... »

LE SUBSTITUT

Très bien !

LE PRÉSIDENT

« ... et, lui faisant application de l'article 330 et du principe « tout cela durera bien autant que nous », le condamne à treize mois d'emprisonnement, à 25 francs d'amende, et aux frais. »

L'audience est levée.

<blockquote>Les juges se lèvent, tandis que La Brige, l'œil au ciel, et de la voix de Daubenton au dernier acte du COURRIER DE LYON :</blockquote>

« J'en appelle au président Magnaud ! »

RIDEAU

TABLE DES MATIÈRES

Pages

Lidoire.	1
Boubouroche.	25
Monsieur Badin.	89
La Peur des coups	103
Les Boulingrin.	127
Théodore cherche des allumettes	165
Un client sérieux.	187
Hortense, couche-toi.	245
Le Droit aux Étrennes.	269
Le Gendarme est sans pitié	299
Le Commissaire est bon enfant.	333
L'Article 330.	383

1830 — Paris. — Imp. Hemmerlé et Cⁱᵉ.

A la même Librairie. — Collection des AUTEURS GAIS à 3 fr. 50 le volume.

AURIOL (G.)
LA CHARRUE AVANT LES BŒUFS............ 1 vo
HISTOIRE DE RIRE !.................... 1 vo

BONHOMME (Paul)
M'SIEU LA PUDEUR..................... 1 vo

CIM (Albert)
FARCEURS............................ 1 vo

COURTELINE (Georges)
LES MARIONNETTES DE LA VIE. Illustrations en couleurs
  par A. Barrère (11e mille)........... 1 vo
UN CLIENT SÉRIEUX. Couverture illustrée (17e mille). . 1 vo
LE TRAIN DE 8 H. 47. Illustrations en couleurs par Albert
  Guillaume (36e mille)................. 1 vo
LIDOIRE et POTIRON. Illust. en couleurs par Guillaume (20e mille) 1 vo
BOUBOUROCHE. Illustrations en couleurs (16e mille)..... 1 vo
LES GAIETÉS DE L'ESCADRON. Illustrations en couleurs par
  Albert Guillaume (21e mille)............. 1 vo
AH ! JEUNESSE ! (9e mille)................. 1 vo
MESSIEURS LES RONDS-DE-CUIR. Ill. de Bombled (12e mille). 1 vo
LES FEMMES D'AMIS. Illustrations de Steinlen (10e mille)... 1 vo

FISCHER (Max et Alex)
POUR S'AMUSER EN MÉNAGE !............ 1 v

LEMERCIER (Eugène)
AUTOUR DU MOULIN. — Chansons de la Butte, avec musique. 1 v

MAIRE (Félix)
LATOPETTE ET GOBÉA................. 1 v

MONTOYA (G.)
LE ROMAN COMIQUE DU CHAT NOIR........ 1 v

PRADELS (Octave)
CHANSONS GAULOISES. Dessins de José Roy...... 1
POUR DIRE ENTRE FEMMES. Illustrations de Trilleau... 1
POUR DIRE ENTRE HOMMES. Illustrations de Kauffmann... 1
LES DESSERTS GAULOIS. 2e série de *Pour dire entre Hommes*.
  Illustrations de Fraipont............... 1

RENARD (Jules)
POIL DE CAROTTE................ Illustré. 1

RENAULT (G.) et CHATEAU (Henri)
MONTMARTRE................... Illustré. 1

SÉMANT (Paul de)
CE SACRÉ POILUT !............... Illustré. 1

SILVESTRE (Armand)
HISTOIRES INCONVENANTES......... Illustré. 1

XANROF
UNE ET UN... FONT TROIS !... Illustrations de Lourdey... 1
DE L'AUTEL A L'HOTEL. Illustrations de Lourdey....... 1
TELLES QU'ON LES AIME. Illustr. de Guillaume et Lourdey. 1
CHANSONS IRONIQUES. Avec musique. Illustr. de Balluriau.. 1
CHANSONS A RIRE. Avec musique. Illustr. de Grün et Lourdey. 1
MESDAMES ! EN SCÈNE ! Illustr. de Guillaume et Lourdey... 1

ZAMACOIS (Miguel)
EN STUPID-CAR. Illustrations de Lourdey............ 1

www.ingramcontent.com/pod-product-compliance
Lightning Source LLC
Chambersburg PA
CBHW070925230426
43666CB00011B/2315